Yehuda Shenef

Humor, Wucher, Weltverschwörung

~ die geläufigsten Vorurteile gegenüber Juden

und was es mit diesen auf sich hat

für Chana

Seite	Themen
005	Einleitung
011	über jüdischen Humor
051	Auf gut Deutsch gesagt: Jüdisch!
071	War Deutsch einst jüdisch ...?
087	Wer hat's erfunden?
109	Was sollen die Steinchen auf dem Grabmal?
113	Verzweifelt gesucht: kein Jesus im Talmud
135	Was Wunder: Von Hostien und Ritualmorden
145	Auf der Fährte der Judensau
157	Vom christlichen und jüdischen Wucher
199	Was genau ist AS?
217	Heidrichs Erben
251	Das Geheimnis der jüdischen Weltherrschaft
255	Abbildungen / Literatur
256	Literatur

Einleitung

Dass ein Autor sich für sein Buch auf eine hohe Anzahl von Missverständnissen beruft, ist nicht der Regelfall, doch für das vorliegende Werk, kann ich nicht umhin, als gerade das zu tun.

Gäbe es die zahlreichen über Juden kursierenden Stereotypen (nicht *nur*) in Deutschland heute nicht mehr, wäre das Buch überflüssig. Da Fehl- und Vorurteile auch im *Zeitalter des Kurzwissens* durcheinandergemischt werden, ist es aber sehr zweckmäßig, die mitunter durchaus seltsamen Verwicklungen zwischen „Deutschen und Juden" zu hinterfragen, etwa an Hand der Sprache, des Humors oder der Gebräuche. Zu letzterem zählen schon mündlich tradierte *Reizthemen* und Schlagworte wie „Wucher", „Ritualmord", „Hostienschändung" „Antisemitismus", „Holocaust", „Nahost-Konflikt", „Israel-Kritik" und dergleichen. Die Absicht des Buches besteht deshalb darin, Juden, aber auch ihren Freunden, Nachahmern und Hassern einen möglichst unverstellten, ge- und erklärten Blick zu ermöglichen, auch um sicher vorhandene eigene Vermutungen und sehr zahlreichen aufgeschwatzten *Hirnbalast* (selbst)kritisch zu hinterfragen.

Nicht wenige Autoren haben sich in den letzten 150 Jahren dem „Phänomen" des Antisemitismus gewidmet. Während die früheren Verfechter des Antisemitismus, die sich als politische Parteien zwischen Reichsgründung und Erstem Weltkrieg vierzig Jahre im Berliner Reichstag halten konnten, anfangs sehr stolz auf ihren Judenhass beriefen, kamen dessen Kritiker vielfach zu dem Schluss, dass er auf Bildungsdefiziten basiere. Das mag mancherorts zwar stimmen, übersieht aber eine unbestreitbare Tatsache: Der religiöse Hass auf Juden ist ebenso wie der politisch motivierte Antisemitismus das Werk von Intellektuellen, der Beamtenschaft und des Klerus. Sie waren es, die unter Pseudonymen (Falschnamen) in schier endlos vielen Schmähschriften, Bücher und Internetseiten mit erfundenen Talmud-Zitaten, „Enthüllungen" und Lügen über „die Juden" ersinnen. Bauern und Arbeiter schrieben keine Bücher, sondern allenfalls „beim Juden" an, der in den Dörfern und Vorstädten ein verlässlicher Lieferant und nachsichtiger Gläubiger war.

Heute, wo Antisemitismus im „Westen" gesellschaftlich als widerlegt und erledigt gilt – was freilich eher dem Urteil aufgeklärter Bürger über sich selbst, als der Alltagserfahrung von Juden entspricht – leben viele der altbekannten Klischees *unvermindert* weiter. Meist leicht verändert, für den modernen Geschmack etwas „aufgehübscht". Etwa die aktuelle „Israel-Kritik", die trotz ihrer tatsächlichen Omnipräsenz angeblich ein *Tabubruch* sein soll und die man doch mal wird „üben" dürfen. Nun, angesichts der dünnen, allzu oft ins Antisemitische abgleitende Argumentationen wäre das auch tatsächlich ratsam: das mit dem *Üben*. Diese Kritik übersieht aber, dass es keinen plausiblen Grund gibt, sich als Deutscher bei all den Konflikten und Problemen, die es auf dieser Welt in unserer Zeit gibt, ausgerechnet auf den zwischen Israelis und Araber zu *fixieren* und dabei – freilich ganz *zufällig* nur – auf die Standpunkte der Palästinenser festzulegen, deren Terror bagatellisiert, mitunter legitimiert wird, während dann andererseits sonderbarerweise nur die israelische Gewalt Gegengewalt erzeugen soll. Selbst dann, wenn Polzisten einen Mörder auf frischer Tat außer Gefecht setzen.

Immer wieder spitzt sich die Diskussion auf den Punkt zu, ob jemand denn gleich ein Antisemit sei, nur, weil er „Israel kritisiert". Die einfache Antwort lautet: Im Grunde **ja**. Was denn auch sonst? Fußballfans, Feinschmeckern, Auto-, Musik- oder Filmliebhabern wird es wohl eher kein besonderes Anliegen sein, schwerpunktmäßig Israel in einen negativen Fokus stellen zu wollen. Wer damit nicht klar kommt, kann gerne Syrien, Katar oder den Iran kritisieren, nur mal so ein paar Monate (besser Jahre) zur Abwechslung – und **ja**, alles was geneigte Gemüter Israel vorwerfen wollten, findet sich dort tatsächlich und: in mehrfacher Ausfertigung. Und warum sollte jemand „als Deutscher", der aus der Geschichte der Altvordern gelernt haben will, eigentlich nicht *pro* Israel sein. Da drehte sich doch keiner von ihnen im Kriegsgrab herum, oder etwa doch ...? Oder etwa doch!

Wohl ein wenig pfiffiger sind aber jene, die, um sich die prickelnde Sehnsucht der Israel-Kritik *gönnen* zu dürfen, vorgeblich auf eine „jüdische" Seite schlagen wollen. In der überflüssigen Sorge und Herzweh um längst tote Juden geht das auch relativ, zu einfach, zumal jene Toten keine unbequemen Fragen mehr stellen. In starren Ritualen festgefahrene Gedenkstunden an ermordete „Holocaust-Opfer" ermutigen manchen jener Humanisten den überlebenden Nachfahrten umso entschiedener entgegenzutreten, ohne darüber Gewahr zu werden, dass ihr Eifer im Schatten ihrer Vorfahren steht – was außer ihnen jedem schnell klar wird.

Weniger gezielt ist die meist unbewusste Anlehnung an gesellschaftliche Sublimierungen, wie die mittlerweile sehr weit verbreitete Vorliebe für „Klezmer" – eine in Deutschland nie heimische Musik aus Südosteuropa, die nur mancherorts jüdische Züge annahm, die aber seitdem sie in den USA zur Mode wurde, auch hierzulande Nachahmer ohne Ende und meist auch ohne jegliche Originalität und Qualität findet. Ein noch besseres Beispiel wäre der noch weit beliebtere „jüdische Humor", der seit der berühmten *Salcia Landmann* inzwischen in zig Taschenbüchern immer noch weiter kolportiert wird. Doch das Lachen bleibt einem ein wenig im

Halse stecken, wenn man sich vergewissert, von wo diese, vordergründig versöhnliche Vorliebe, herrührt.

Es geht bei alledem natürlich nicht um Schuldzuweisungen, Provokationen oder anderen Stuss, sondern darum, die Extrakte von Wurzeln und Blüten der Geschichte auf einen gesunden Nenner zu bringen, ohne Verlust an Substanz und Bedeutung.

Was nun die zentrale Frage des Buches, die Vorurteile (die genau genommen *Fehlurteile* sind) selbst anbetrifft, so lässt sich diese am besten mit einem in Varianten erzählten jüdischen Witz erläutern. Er handelt von den „vielen Gerüchten", die über die Tochter eines Rabbiners erzählt werden:

„Man sagt, die Tochter des Rebben sei auch alles andere als keusch". „Der Rebbe hat doch gar keine Tochter!" – *„Aber irgendwas muss an der Geschichte doch dran sein !?"*

Wie mit dieser Posse verhält es sich auch mit den meisten Vor- oder Fehlurteilen und den tradierten Klischees über „die Juden". Auch dann, wenn sie inhaltlich klar widerlegt werden können, was bei Pauschalisierungen immer der Fall ist, bleibt bei vielen „Denkern" doch das *Verlangen*, dass vielleicht doch „irgendetwas" daran stimmen könnte, eines Tages stimmen wird.

Diesem *Irgendetwas* zu folgen, ist die Absicht dieses Buches und so werden wir ihm in den einzelnen Kapiteln auf immer neue Weise begegnen – und doch stets in dasselbe Gesicht blicken, das wir im Spiegel sehen.

Über jüdischen Humor

Die juristischen und historischen Fakultäten der örtlichen Universität hatten sich vor ein paar Jahren disziplinübergreifend die Aufgabe gestellt, die rechtliche Stellung der mittelalterlichen Augsburger Juden zu ergründen. Die Ergebnisse wurden nun von verschiedenen Doktoranden der Uni in Vorträgen einem Publikum vorgestellt, zu dem sich auch der Autor neugierig gesellte. Einer der referierenden Nachwuchs-Akademiker, methodisch offenkundig aber eher Jurist als Historiker, begann sein Thema sodann auch gleich mit einer Art „Disclaimer": *„Also eins gleich vorweg: Die Bezeichnungen Judenbad, Judengasse, Judenhut, etc. gab es damals wirklich, nicht, dass man mir* Tendenzen *unterstellt!"*

Eine Reise durch die deutsch-jüdische Gedankenwelt mit einem Beitrag über jüdischen Humor zu beginnen, ist ein passender Einstieg, genießt selbiger doch eine gewisse Wertschätzung, die ihm allenfalls einige jener Juden neiden, die nicht hauptberuflich als Humoristen unterwegs sind. Ihre Zahl ist schwer zu schätzen, da nicht immer klar ist, was als Humor aufgefasst werden soll oder wird.

„Humor" wurde begrifflich aus dem Lateinischen entnommen – der frommen Legende nach *mit einem Schwamm* – und heißt, was fast jeden überrascht, wörtlich *„Feuchtigkeit"* und kommt in Deutschland als unerlässlicher Bestandteil in der Nahrungsmittelindustrie zum Einsatz (siehe Abbildung). Schon wegen der doch etwas „strengeren" Bestimmungen der jüdischen „Speise-Gesetze" liegt es auf der Hand, dass das hebräische Wort für *feucht* לח („*lach*") nur eher zufällig an das deutsche Wort *Lachen* erinnert, das, so schallt es aus den Kellern bundesweit, oft mit Humor einhergehen soll. Fest steht wohl, dass man in irgendeiner Weise wohl „flüssig" sein muss – und vielleicht denkt mancher ja auch deshalb bei Humor auch gleich an *Juden*. Andererseits lautet ein Grundsatz der Gelotologie:[1] *Man kann nur witzig finden, was einen* (selbst) *betrifft*. Wenn Ihnen also jüdischer Humor oder Witze über Juden zusagen, hat das auch etwas mit Ihnen selbst und Ihren Vorstellungen zu tun, vielleicht familiär bedingt.

Über *jüdischen Humor* lässt sich nun natürlich *Vieles* sagen und ganz und gar im Sinne von Karl Valentin, wurde eigentlich auch *schon alles* drüber gesagt - nur *noch nicht von allen*. Wie, … ob Karl Valentin *Jude* war? Nun, wäre er denn als Jude noch nicht mal drei Jahre nach dem Weltkrieg krank, vereinsamt und verarmt in München gestorben? Oder nicht doch eher ein paar Jahre vorher, … vielleicht eher in Theresienstadt und nicht nahe der Theresienwiese, vielleicht ja auch in Landsberg? Womit wir eher zufällig schon einige der Kriterien angesprochen hätten, die den jüdischen Witz bekannt und beliebt machen. Er bedient, so er nicht nur

---

[1] Die *Wissenschaft des Gelächters*.

in Darreichungsformen wie Woody Allen, Seinfeld, Larry David & Co. aus dem TV kommt, eine Anzahl von Klischees und vermittelt sie in einer Sprache, die zum einem vor allem Nichtjuden verständlich, zum anderen aber dennoch soz. „restjüdisch" genug sein muss, um *überhaupt* als jüdisch und damit als „typisch" zu gelten.

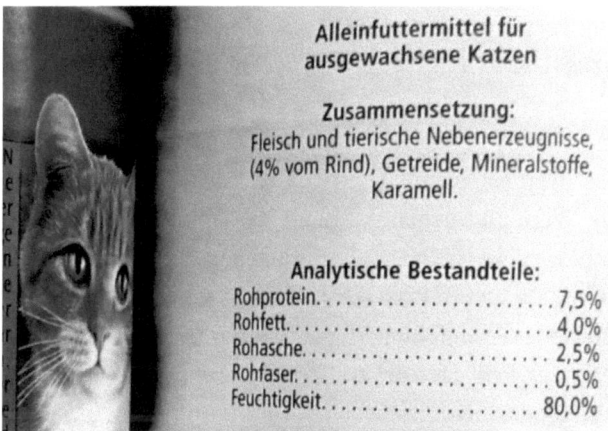

Deutsche Tiernahrung: 4 % Rind, 2 % Asche, 80 % Humor.

Ein typisches Merkmal jüdischen Humors und seiner Witze, so liest man oft in akademischen Erklärungen, sei es, dass man dabei *nicht über andere*, sondern vor allem über *sich selbst* lacht. Demnach müssten Ostfriesenwitze irgendwie wohl „jüdisch" wirken, wenigstens dann, wenn sie *von* Ostfriesen erzählt werden. Nun gut, sich Juden vorzustellen als Leute, die sich *selbst* durch den Kakao ziehen und lächerlich machen, sozusagen als „Witzableiter" hat wohl etwas für sich. Und für manche Zeitgenossen mag dies gewiss ein sehr heiterer Gedanke sein. Pauschalisiert ist es aber reines *Wunschdenken*, ebenso wie die von Sigmund Freud formulierte (und weiter zitierte) Annahme, er (der Witz) sei *„die Waffe der Wehrlosen"*. Dabei müsste man meinen, dass mittlerweile die israelische Armee wenigstens diesen Mythos *zerstört* haben sollte, als sog. *collateral damage* sozusagen.

Da Pointen in der Regel genau dann als solche aufgefasst werden, wenn sie einer Geschichte eine *unerwartete* Wendung geben, ist auch die Annahme, jüdischer Humor sei in Büchern *über* jüdischen Humor zu finden, wohl eher zweifelhaft. Dort findet man allenfalls plattgetretene Geschichten, die schon bei flüchtigem Hinsehen oder – *hören* sehr konstruiert wirken und zwar wackelig oder aber inzwischen baufällig geworden sind. Meist sind es noch nicht mal Geschichten, sondern (sinn)frei erfundene Kurz-Dialoge, die nur „wirken", so sie vor schematischen Kulissen aufgesagt werden. Die schiebt man dann kaum in den Wilden Westen, ins antike Rom, sondern eher … nach Przemyśl.

Damit allein ist es aber noch nicht getan, denn auch die *Witzfigur* heißt besser *Jankele* als *Hans-Jürgen* oder

Birgit und besser *Blauschild oder Fränkel* als *Riester* oder *Rürup* und wenn während der Erzählung gerade ein Zug unterwegs sein sollte, dann besser in *Galizien* und nicht etwa nach *Schlipsheim, Castrop-Rauxel* oder *Schelesnodoroschnaja*. Wo letzteres ist, wissen nur Leute die schon mal dort waren, darunter bekanntlich auch einige Juden. Am einfachsten ist es wohl von einem, von *dem Schtedl* zu reden. Man sollte „*meschugge*" sagen statt „verrückt", nicht aber „*tipes*" anstelle von „dumm". Den Eindruck des „Vertrauten" hat man andernfalls recht schnell verspielt. Recht viele meinen doch, jene Art lustig „*verjüdeltes*" Deutsch „so gut" zu kennen, dass sie davon „fast jedes Wort" verstehen. Schließlich lernt es sich mit Humor eben gleich noch mal so gut.

Geschätzt wird „jüdischer Humor" sehr gerne von Intellektuellen, von kulturell gebildeten „Feinschmeckern" und „Schöngeistern", die natürlich unerwähnt, auch sonst fähig sein wollen, feine Ironie oder gut versteckten „Hintersinn" in einer mitunter vielleicht auch tragischen oder verschachtelten oder gar in einer tragisch verschachtelten Geschichte zu erkennen. Doch wenn dem *wirklich* so wäre, warum benötigt diese Art von „Witzen" dann so viele stereotype Verpackungen, die wie Instanttüten mit ihren Inhaltsangaben bedruckt sind und wo dann auf dem Butterstück steht, dass es *fetthal-*

tig ist oder dass der Dosenfisch auch Spuren von *Erdnüssen* enthalten kann? Oder die Muttermilch 81,5 Prozent Humor. Merkt man das nicht *sowieso* ...? Oder *trotzdem* nicht? Rein methodisch erinnert dies dann auch an das *furchtbar* lustige „canned laughter", das auch nicht grundlos so heißt, jene „Lacher von Band" US-amerikanischer *sit-com-shows* (nicht zu verwechseln mit dem angeblich *ernsten Unterton* jüdischer Witze). Die Macher dieser immer *noch erfolgreicheren* Endlosserien sind übrigens gar nicht selten auch Juden, obwohl ihr „Humor" auf dem professionellen (bezahlten) Wortwitz von „Gag-Schreibern" und „stand-up-comedians" basiert (deren sog. Konfession oder Volkszugehörigkeit wir freilich in der Regel *nicht* erfahren). Ihre Berufsgruppe ist verwandt mit Redenschreibern von Politikern, manchmal auch in Personalunion.

Sigmund Freud schrieb (wie „sogar" bei Wikipedia - im Artikel „Jüdischer Witz"[2] - zitiert ist): *„Die Witze, die von Fremden über Juden gemacht werden, sind zu allermeist brutale Schwänke, in denen der Witz durch die Tatsache erspart wird, dass der Jude den Fremden als komische Figur gilt. Auch die Judenwitze, die von Juden herrühren, geben dies zu, aber sie kennen ihre wirklichen Fehler wie deren Zusammenhang mit ihren Vorzü-*

---

[2] Mit der Referenz sollte nur gesagt werden, dass es „sowas" *tatsächlich* gibt.

gen, und der Anteil der eigenen Person an dem zu Tadelnden schafft die sonst schwierig herzustellende subjektive Bedingung der Witzarbeit."

Der beliebte jüdische Humor soll sich also nach Möglichkeit schon *unterscheiden* von herabsetzenden Witzen *über* Juden. Doch ganz so einfach ist das nicht. Wann ist ein Witz *von* Juden, und wann ist einer *über* Juden? Und wo beginnt die Herabsetzung, wenn Juden doch angeblich so gerne *über sich selbst* lachen? Muss ein Jude den Witz erzählen oder reicht es, wenn er von einem handelt? Warum schätzen gerade sog. „Nichtjuden" „den" jüdischen Witz?

Wo nun aber *schon* (oder: *sogar*) ein Sigmund Freud Begriffe wie „*Witzarbeit*" benötigte, (was er wahrscheinlich nicht spöttisch auf seine *eigene* Arbeit als Psychoanalytiker gemünzt hatte) kann der Pfad zwischen antisemitischen Klischees und jüdischen Humor *so breit* dann nun aber wohl auch wieder nicht sein.

Ein Jude und ein Offizier sitzen in einem Zug*; der Jude isst einen Hering. „Sag, Jud, warum seid ihr Juden so schlau?" „Ganz einfach, Herr Offizier, wenn wir Heringe essen, essen wir auch die Gräten mit." Der Offizier kauft dem Juden daraufhin die Gräten ab und würgt sie herunter. Nach einer Weile sagt er: „Jud, Du hast *mich beschissen. Für das Geld hätte ich mir einen ganzen Hering kaufen können!" "Seht ihr, Herr Offizier, es wirkt schon!"* (* wahrscheinlich in Galizien)

Jüdische Einwanderer aus Russland und anderen selbständigen Staaten der ehemaligen Sowjetunion finden Witze dieser Art oft recht *komisch* und die demonstrierte Eigenschaft der „Raffinesse" die es ermöglicht, mittels „Witz" jemand anderen „aufs Kreuz" zu legen, als eher *positiv*, vielleicht mitunter sogar als eine Art „Ideal". Aber auch sonst (bei Juden anderer Herkunft und jenen, die sich – witzig, witzig – aus freien Stücken als „Nichtjuden"[3] bezeichnen) unterstreicht die *Pointe* die Erwartung, dass *der Jude* „schlau" und „gewitzt" daherkommt. Eben <u>*nicht nur*</u> *lustig*, sondern auch … *listig*, andernfalls wär's ja wohl nicht so arg „jüdisch".

Eine Variante wäre etwa folgende Geschichte:

Ein Rabbiner fährt mit seinem Auto auf der Landstraße entlang. Plötzlich stößt er bei einer Kurve mit einem anderen Wagen zusammen. Er steigt aus und stellt erfreut fest, dass weder er noch der Fahrer des anderen Wagens verletzt ist, wohl aber ist einiger Sachschaden entstanden. Der Fahrer des anderen Wagens erweist sich als katholischer Priester. Der Rabbi freut sich über

---

[3] Und dies obwohl in den meisten Fällen wohl Nicht-Hindu, Nicht-Kalmüke oder Nicht-Toter auch zuträfe.

diese göttliche Fügung und schlägt vor, dass sie darauf ein Glas Wein trinken sollten. Der Priester willigt ein und der Rabbi holt eine Flasche aus einem Auto und gießt zwei Becher voll. Der Priester trinkt seinen Becher leer, doch der Rabbi wartet. Als der Priester fragt, warum der Rabbi nun doch nicht trinken will, antwortet dieser: „Ich warte wohl besser, bis die Polizei da war!"

Obwohl die eingangs formulierte Eigenart des jüdischen Witzes, eher über sich selbst, als über andere zu lachen, genaugenommen widerlegt wird, ist da sehr gern die Rede von der „*Chuzpe*", die – was frech genug ist – von den „Nichtjuden" mitunter auch schon mal als „*schutz-pä*" ausgesprochen wird. Seitdem es *Witzbücher* gibt (und wir datieren sie zumindest auf *Feitel Itzig Stern* zurück, dessen Werk u.a. sogar die Bundeszentrale für Politische Bildung „bpb" noch für „authentisch" hält) gilt sie als *sehr* „jüdisch" und projiziert geradezu eine bestimmte *Erwartungshaltung*. Klar ist auch, dass bei der stets vorausgesetzten „Raffinesse" es wohl eigentlich kaum möglich sein *kann*, dass ein Witz tatsächlich „auf Kosten" des „gewieften", „hinterlistigen" Juden ausgehen kann.

Da trifft es sich ganz gut, dass es ersatzweise wenigstens jene variantenreich existierende Kategorie an Witzen gibt, aus welcher hervorgeht, dass „der Jude" zumindest auch „sein" Judentum nicht ernst nimmt. Dessen Gebote werden vor allem auch von Außenstehenden sehr oft als „streng" empfunden oder zumindest doch entsprechend vermutet. Feiert ein Jude das *Wochenfest*, das nur so heißt, und nur einen Tag dauert, dann vorstellungsgemäß „streng". Begeht ein Christ den Weihnachtsabend, der nur so heißt, aber bald drei bis vier Monate Vorlaufzeit auf allen Straßen, Läden und Medien benötigt, dann natürlich „in Ruhe und Frieden".[4] Da mag es dann schon erheitern, wenn man darüber lachen kann, wie die jüdischen Witzfiguren das alles doch nicht „*so* ernst" nehmen, sondern ihre „Gerissenheit" sogar dafür einsetzen, um ihre eigenen Gebote und Gebräuche zu relativieren, oder zu umgehen.

Mendels ältester Sohn ist zum Christentum konvertiert. Der fromme jüdische Vater ist verzweifelt und weiß nicht, was er tun soll. Da spricht nun Gott selbst mit ihm: „Was weinst Du, Mendel?" – „Soll ich etwa nicht weinen, mein Sohn hat sich taufen lassen!" – „Aber Mendel, meiner doch auch!" – „Und was hast Du gemacht?" – „Ein neues Testament!"

---

[4] Abgesehen von der höchsten Selbstmordrate im Jahr. Anders als vom überall und auf allen Kanälen und mit allen Mitteln die Kommerz und Medien überhaupt kennen, betriebenen „Weihnachtsgeschäft" sind davon „Einzeltäter" betroffen, bekanntlich: nur.

Ein *jüdischer* Witz, der augenzwinkernd *bekräftigt*, dass „Gott" (als „Witzfigur") ein „Neues Testament" macht, hat schon eine gewisse Komik für Leute, die Witze über „Gott" für angemessen halten, aber ist dies wirklich „typisch jüdisch"?

Wäre es auch komisch, wenn „Gott" auf Mendels Frage danach, was „er" getan hatte, antwortete: *„Ich habe ihn kreuzigen lassen!"*

Doch auch wenn Juden (im Witz) zum Christentum konvertieren, so scheint doch klar, dass geschäftliche Belange doch den Vorrang behalten vor religiösen:

„Jankel, Mair und Cohn wollen sich taufen lassen. Cohn betritt als erster das Pfarrhaus, während die anderen draußen auf ihn warten. Als er nach einer Stunde zurückkehrt, sind die beiden neugierig. "Nu", fragen sie "bist du nun ein Goi geworden?" Cohn aber antwortet lachend: "So weit sind wir gar nicht gekommen, ich habe ihm erst mal eine Versicherung verkauft."

Das scheint selbst dann zu funktionieren, wenn das Geschäft dem Vernehmen nach nur Defizite zustande bringt:

„Moische ist bekümmert, weil die Geschäfte nicht gut laufen. "Jedes Jahr mache ich Verlust mit dem Laden".

Sein Freund rät ihm deshalb, das Geschäft zu schließen. Moische empört: "Aber wovon soll ich dann leben?"

Ähnlich geartet ist dieser Witz:

"Levi und sein christlicher Kompagnon werden auf der Landstraße von Räubern überfallen und gerade ausgeraubt, als Levi noch schnell seine Geldbörse zückt und seinem Freund sagt: "Hier sind die hundert Mark die ich dir noch geschuldet habe!"

Scheinbar gilt es aus jeder noch so vertrackten Situation einen Nutzen zu schlagen, wobei sich der Klischee-Jude offenbar über alle Werte hinwegsetzen kann, ja „muss", um auf typische Weise witzig zu sein.

Beliebt ist dabei auch der wohl in keiner Sammlung fehlende „Schinken-Witz":

Ein Jude kommt zum Metzger, zeigt auf einen Schinken und sagt: "Ein Kilo von diesem Fisch, bitte!" „Das ist Schinken!" – „Es ist mir egal, wie der Fisch heißt!"

Wäre der Witz auch komisch, wenn ein Katholik sich am Tag vor Karfreitag so verhält oder hielte „man" seine „Raffinesse" (?) nicht eher für seltsam denn als typisch? Oder wie wäre es mit einem Veganer, der einen Hamburger als Blumenkohl bestellt? Lustig?

Im beliebten „jüdischen" Witz relativiert aber bereits die Furcht vor familiären Auseinandersetzungen (= der Streit des Juden mit jenen anderen *Juden* die ihn am *besten* kennen sollten) sogar auch die messianische Hoffnung:

„Jankel, der Rebbe meint, der Messias wird bald kommen!" – „Gott behüte! Was wenn dann meine ganze Mischpoche seit der Erschaffung der Welt aufersteht ...!"

Ein anderer Witz erklärt auch die „Weisheit" des Talmuds:

Chaim der früher eine Talmudschule besucht hatte und nun Medizin studiert, wird gefragt, warum er kein Millionär werden will. Seine Antwort lautet, dass er lieber Krebs bekommen wolle. „Warum denn das!?" – „Nun, ganz einfach: alle Millionäre sterben, an Krebs nur 40 %!"

Ob die „Pointe" auch funktioniert, wenn man den „Chaim" und den „Talmud" durch „Günther" und „Zeichen" ersetzt?

Wo über Gott, die Gebote der Tora, den Talmud und die Hoffnung auf das Kommen des Messias gespottet wird, da kann man auch nicht erwarten, dass wenigstens der weltliche Zionismus besser abschneidet:

Ein alter, sterbenskranker New Yorker Jude erklärt seinen Verwandten, dass er in Israel sterben möchte, um dort im Land der Väter begraben zu werden. Man erfüllt ihm seinen Wunsch und fliegt mit ihm nach Tel Aviv, wo ihm das Klima so gut bekommt, dass er sich wieder erholt. Nun aber möchte er wieder zurück nach New York! „Aber warum?" – „Nun, in Israel sterben wäre in Ordnung, aber hier leben *...??"*

Da wir nun wesentliche Merkmale des „jüdischen Witzes" kennen, müsste auch die Gegenprobe klappen:

Warum kommen Möwen soweit nach Israel hinein? Weil es da so schön nach Fisch stinkt.

Warum darf man einen Juden nicht in eine Kanone stecken? Weil Dumm-Dumm-Geschosse völkerrechtlich verboten sind.

Wären diese Witze – die niemand anderen als Juden aufs Korn nehmen – „witziger", wenn man sie über Ostfriesen erzählen würde (was sie auf gängigen Witzseiten übrigens tun) ...?

Warum kippt ein Jude Wasser auf seinen Computer? Weil er im Internet surfen will.

Wird das auch dann *nicht* komischer, wenn man sich eine *blonde Jüdin* dabei vorstellt, ... oder doch?

Schwer zu sagen, denn zumindest gibt es ja auch in dieser Art von Scherzen den als typisch erachteten *Wortwitz,* den unerwarteten Wechsel einer Begriffsbedeutung:

"Was soll man von einem Goi halten? – Abstand!"

Als „Goi" bezeichnet „man" einen sog. „Nichtjuden", benutzt jedoch vor allem von „Nichtjuden". Man könnte aber auch formulieren: *"Was soll man von einem Juden halten? – Abstand!"* Aber das ginge schon wieder in eine ganz *andere* (?) Richtung und wäre wohl auch nicht in gleicher Weise *komisch* aufgefasst. Der Witz stammt aber aus einer Sammlung sogenannter Ostfriesen-Witze: *"Was soll man von einem Ostfriesen halten? – Abstand!"* Welche Variante klingt nun typischer? Lustiger?

„Warum müssen die Ostfriesen so lange auf ihre Fotos warten? – Weil sie ihre Filme immer in die Entwicklungsländer schicken."

Zwei Juden, drei Meinungen. Diese oft zitierte Devise wird vielerorts geradezu als Synonym für jüdischen Wortwitz oder die den Juden eigene Streitkultur aufgefasst, da sie den vermeintlichen Hang der Juden zum Chaotischen, Anarchischen oder gar Grotesken auf den Punkt bringen soll. Tatsächlich wäre „*zwei Personen, drei Meinungen*" aber nichts anderes, als eine *gelungene* Kommunikation. Zwei Leute mit den eigenen Meinungen A und B reden sachlich miteinander und einigen auf den gemeinsamen Standpunkt AB, der wie die Variante C als dritte Meinung nur ein sachlicher *Kompromiss* wäre.

Schwieriger wird das nur, wenn man es mit einem Experten zu tun hat. Experten müssen bekanntlich mehr wissen als andere und sie müssen alles auch besser wissen als andere. Was sonst macht sie auch zu Experten? Damit Experten Recht haben können, müssen sie im Laufe der Zeit prinzipiell jede Möglichkeit schon mal erwähnt und erklärt haben. Wenn man alle möglichen Meinungen aber schon mal vertreten hat, ist es klar, dass man im Einzelfall natürlich auch richtig lag. Wer darauf herumreiten will, dass er mit siebenundzwanzig vergleichbaren Einschätzungen zum größten Teil völlig danebenlag, wäre sicher kein Experte. Dieser hat aber 2005 (wie in jedem anderen Jahr) schon auf Anzeichnen einer möglichen Finanzkrise hingewiesen, sie andererseits aber mit großer Wahrscheinlichkeit ausgeschlossen, um 2011 mit aller Ausführlichkeit die Krise von 2008 bereits vor Jahren treffsicher vorausgesagt und analysiert zu haben. Da solche Experten wie gesagt alles und drei verschiedene Gegenteile davon sagen, nimmt sie niemand wirklich ernst und so hat eben damals auf ihre Prognose niemand gehört.

In früheren Zeiten nannte man jene Experten noch Wahrsager oder Astrologen oder wie auch immer man damals Leute ohne anständigen Beruf auch genannt haben mag. Heute gibt es sie für alles und jedes, ganz gewiss auch für Humor und Judentum und sollte die allseits anzutreffende Beliebtheit anhalten – wofür nach Einschätzung von Experten vieles spricht – sicher bald auch für jüdischen Humor. Das brächte wohl viele promovierte *Judeo-Gelotologen* hervor und vielleicht wäre es lustig mit einem solchen Experten über Pointen zu streiten, ohne des latenten Antisemitismus bezichtigt zu werden!

Wie eingangs bereits zitiert, wollte schon Sigmund Freud Witze von Juden und über Juden differenzieren, seien letztere ja *„allermeist brutale Schwänke"*. So leicht zu finden, wie man meinen könnte, sind antijüdisch eingestufte Witze gar nicht. Das liegt zum einen wohl daran, dass manche sich selbst zensieren, aber auch daran, dass längst nicht allen klar ist, wie die

Freud'sche Grenzziehung von statten gehen soll. Ein Beispiel auch dafür:

Im Frühjahr 2010 stolperte der frühere Marinegeneral *James L. Jones* über einen als antisemitisch eingestuften „Juden-Witz". Jones (geb. 1943) hatte 2007 nach über vierzig Jahren seine aktive Militärkarriere beendet und war noch unter der Bush-Regierung in den Beraterstab des Weißen Hauses aufgestiegen. Präsident Barack Obama hatte den sehr erfahrenen und parteiübergreifend sehr geschätzten General bei seinem Amtsantritt zum *Nationalen Sicherheitsberater* ernannt. Als Jones beim *Washington Institute for Near East Policy* vor laufenden Kameras einen Witz erzählte, gab es Proteste (beileibe nicht nur) jüdischer Verbände in den USA, die schließlich seinen Rücktritt erzwangen. Hier die Übersetzung seines Witzes:

„Ein Taliban-Kämpfer in Afghanistan verirrt sich und sucht in der Wüste nach Wasser. Schließlich gelangt er zu einem Laden, der von einem Juden betrieben wird und fragt nach Wasser.

Der jüdische Verkäufer sagt ihm, dass er zwar leider kein Wasser habe, aber dass gerade Krawatten günstig im Angebot seien. Der Taliban ist darüber sehr verärgert und beschimpft den Kaufmann als Juden *nach bes-*

tem Können. Der Ladenbesitzer bleibt davon unbeeindruckt und sagt dem Taliban, als dieser sich wieder halbwegs beruhigt hat, dass hinter dem Abhang ein Restaurant sei und dass er dort versuchen könne, Wasser zu bekommen.

Immer noch auf den Juden fluchend, macht sich der Islamist auf den Weg. Einige Zeit später kommt er wieder zurück, betritt abermals den Laden und sagt dem Händler: „Dein Bruder sagt, dass ich im Restaurant nur mit Krawatte bedient werde."

Gemäß *Abraham Foxman* (geb. 1940) dem Vorsitzenden der *Anti-Defamation League* (ADL) sei dies „*the worst kind of joke*" die man über Juden erzählen könnte. Das gibt zu denken: Wäre es nicht auch schon wieder eine Art Witz, wenn seine Einschätzung zutreffend wäre und es sonst nichts zu lachen gibt? Foxman hatte auch schon den britischen TV-Comedian *Sacha Baron Cohen* („Borat") für die angebliche Verbreitung von antisemitischen Stereotypen kritisiert, da viele Zuschauer (seiner Filme) nicht dazu in der Lage seien, die Ironie in seinen Darstellungen zu erkennen. Genau deshalb sollte es verbindliche Regeln über Inhaltsangaben geben, welche den Gehalt von Witzen genau aufschlüsseln: 80 % Feuchtigkeit, 7 % Asche, 4 % Fisch, …

„Ein paar Türken prahlen laut im Bus damit, dass schon vier Millionen Türken in Deutschland lebten. Worauf sich jemand zu ihnen umdreht und entgegnet: >>Na und? Es gab auch schon mal sechs Millionen Juden in Deutschland! <<"

Nun, das ist zugegeben nicht komisch, sondern falsch. Die Zahl der *sechs Millionen* bezieht sich auf die ermordeten Juden in Europa. In Deutschland lebten zu Beginn der Nazi-Herrschaft nur knapp sechshunderttausend. Dreiviertel von ihnen konnten sich vor den Nazis retten. Der Witz scheitert folglich zum einem daran, dass die Zahl der Juden niemals so hoch war wie die der Muslime in Deutschland in den letzten Jahrzehnten, zum anderen weil die der Muslime eben seit Jahrzehnten beträchtlich höher als die der Juden war und den Muslimen in Deutschland „nichts" geschehen ist, was sich mit dem Holocaust auch nur im Ansatz gleichsetzen ließe.

Antijüdische, antisemitische Witze nehmen häufiger auf den sog. „Holocaust" Bezug, haben aber sonst leider wenig mit der Realität zu tun und sind eher albern:

„Wie viele Juden passen in einen VW ...? Fünfhundert. Zwei vorne, zwei hinten, der Rest im Aschenbecher."

Im Wortsinn könnte man von einen „Holocaust"-Witz sprechen, da der griechische Begriff in etwa „Komplettverbrennung" heißt. Passend ist im Kontext aber auch der Begriff „hirnverbrannt", denn wer weiß, welche Aschenmenge gewöhnlich in einer Urne untergebracht wird, dem dürfte klar sein, dass in einem Auto-Aschenbecher allenfalls ein Viertel des Aschenrestes eines verbrannten Menschen Platz haben dürfte, eher weniger und von hunderten oder tausenden ganz zu schweigen. Ein unlogischer Witz ist aber keiner und auch ein antisemitischer Witz ohne Pointe, Tabubruch hin oder her, ist dann eben kein Witz, sondern nur eine dumme Geschichte. Da braucht es keine eigenen Kriterien.

„Was ist der Unterschied zwischen einer Pizza und einem Juden? – Die Pizza schreit nicht, wenn man sie in den Ofen schiebt."

Auch hier versagt die Pointe des angeblich antisemitischen Witzes schon am Mangel der inneren Logik. Zwar gibt es auch hier den Holocaust-Bezug mit der Anspielung auf die Verbrennungsöfen. Weiter reicht der Bezug zur Wirklichkeit dann aber nicht. Zum einem schreien Pizzas *nie*, weder wenn man sie in den Ofen schiebt und auch nicht, wenn man sie in den Kühlschrank stellt. Dasselbe trifft auch für andere Speisen zu, die man auf oder in den Ofen stellt, wie einen Kuchen oder die in Deutschland allseits beliebten Fischstäbchen (die englisch „Fish-Fingers" heißen).

Die Juden nun, die in den Krematorien der KZs verbrannt wurden, waren zu diesem Zeitpunkt bereits tot und schrien schon deshalb nicht. Es ist leider so, dass weder Leichen noch „Pizzen" reden können. Was sollte die jüdische Leiche im Witz nun aber rufen? *„He, was soll das denn, bin ich etwa eine Pizza?"*

Übrigens überrascht auch die Unkenntnis der Klatschgeschichte. Schließlich gibt es in keinem Land der Welt derzeit eine höhere Quote an sog. Feuerbestattungen als eben gerade in Deutschland. In vielen Gegenden bekommen bereits zwei Drittel der Toten kein Erdbegräbnis mehr, weshalb die Katholische Kirche, die (wie das Judentum) Leichenverbrennungen prinzipiell eigentlich ablehnt, in Deutschland längst klein beigegeben hat.

Da Witze nun aber als Pointe auch eine *Neuigkeit* und eine *Einsicht* in die Wirklichkeit liefern sollten, gehört zur Geschichte dann eben auch, dass in Deutschland fast nur Nichtjuden verbrannt wurden.

In rund 150 deutschen Krematorien werden aktuell etwa tausend Leichen pro Tag verbrannt. Hoffen wir, das alle bereits tot sind und keinen Grund zur Klage haben. Was wäre andernfalls aber auch der Unterschied zwischen einem Deutschen und einer Ofen-Kartoffel? Zwischen Deutschen und Juden? Juden landen nicht im Ofen?

„Welche Ausgabe der Evangelien eignet sich gut für den Winter? – Die Einheiz-Übersetzung."

Gedanklich ist es da nicht mehr weit zur Bücherverbrennung der Nazis oder zur Verbrennung von Talmud-Handschriften durch Christen, wenngleich hier wenigstens das Wortspiel funktioniert. Nun, auch über „Deutsche" gibt es natürlich Witze – natürlich eher im Ausland. Wie bereits die antijüdischen Witze beziehen auch sie sich recht oft auf den „Holocaust" oder die „Nazi-Zeit" – weshalb sie, wie man sich *denken* kann, in Israel, bzw. unter Juden, so eher kein Thema sind.

Ein paar Kostproben gefällig?

„How do you call a blind German? – A Not see."

Manche legen Wert darauf, zwischen Deutschen und Christen zu unterscheiden:

„Warum wurde Jesus nicht als Deutscher geboren? – Weil man unter den „Germanen" keine drei Weisen und keine Jungfrau finden konnte."

Letzteres dürfte zu keinem Zeitpunkt zutreffend gewesen sein.

„Was ist der Unterschied zwischen Jesus und Hitler? – Bei Jesus starb Einer für alle – bei Hitler starben alle für einen."

Zumindest was den jeweiligen Selbstanspruch anbetrifft, ist das nicht grundsätzlich falsch, aber ist es damit auch bereits komisch?

„What is the favorite German tea? – Penalty."

Nicht alle Witze verfügen über einen hohen Feuchtigkeitsanteil. Manchmal ist Humor eben auch etwas trockener. Manche sehen dann schwarz.

Ganz finster wird es aber freilich erst, wenn man ergründet, *warum* der einschlägig beschriebene „jüdische Humor" eigentlich gerade *in Deutschland* so populär ist und *woher* das kommt. Liegt es daran, dass „die Deutschen" nach dem „Holocaust" eine Vorliebe für „die Juden" entwickelt haben sollen, vielleicht, weil sie „entnazifiziert" wurden oder wie politische Rechtsaußenstehende sagen „gehirngewaschen" wurden? Auch wenn sich die Zahl der Bücher, die sich dem „Phänomen" des jüdischen Witzes widmen immer stärker anwächst, findet sich keine wirklich überzeigende Erklärung für die Vorliebe gerade mutmaßlich gebildeter Kreise.

Alleine schon Amazon listet für die Stichwortsuche „jüdischer Humor" nicht weniger als dreihundert (in Ziffern: 300) Treffer auf. Recht singulär ist hingegen das einzige Werk *„Der muslimische Witz"* von Hadayatullah Hübsch (klingt nach einem Konvertiten), das sich mit den Suchbegriffen „islamischer Humor" finden lässt. Die folgenden „Treffer" nennen dann übrigens „muslimische Badeanzüge" (sic!). Glaubt wer, dass das ein Zufall ist?

Beispiele dafür sind vor allem die Bücher von Salcia Landmann. Man kann dabei auch auf andere namhafte Autoren wie Helmut Karasek (*„Humor ist, wenn man trotzdem lacht"*) stoßen oder auf *„Die jüdischen Lieblingswitze von Paul Spiegel"* aber auch noch zig andere Bücher finden, die „jüdischen Witz" zum Besten geben: ob als *"Quelle der Lebenskunst"* oder *„Gegen das Heimweh"* und so weiter und so fort. Die Mehrzahl der über dreihundert, aktuell noch lieferbaren Bücher zum „jüdischen Humor" stammt übrigens aus den letzten paar Jahren, sicheres Indiz dafür, dass wir es mit einem, überkochenden Trend oder einer Mode zu tun haben.

Aber woher kommt das nun? Aus den Lehren der Geschichte? Wenn, dann sicher anders, als es den meisten klar und lieb ist. Für die Popularisierung des jüdischen Witzes war historisch dann aber auch eine „Institution" verantwortlich, die man entweder nicht (mehr) in Erwägung ziehen will oder tunlichst nicht als Quelle zitieren sollte:

Nämlich die zutiefst antisemitische Nazi-Postille „*Der Stürmer*" von *Julius Streicher* (1885-1946). Dessen reichlich monothematische Wochenzeitschrift erschien von 1923 bis 1945 immerhin 22 Jahre lang und hing öffentlich in Städten und Dörfern in Schaukästen aus.

Darauf war man damals recht *stolz*, wie man in jeder neuen Nummer nachlesen konnte, auch wenn man hernach ebenso wenig wissen wollte, wie von den aufschlussreichen, oft denunziatorischen Leserbriefen.

Einmal im Monat, also zwölf Mal im Jahr und somit wenigstens zweihundertfünfzig Mal gab es die Rubrik

„Etwas zum Lachen"

in der eben jene heute (wieder oder sollte man besser sagen ... *immer noch* ...?) allseits beliebten „Juden- ... äh ... jüdische Witze" vorgestellt wurden, von denen sich viel zu viele in den zahlreichen aktuellen Witzbüchern finden, durchaus mit denselben „Pointen", vielleicht hier da etwas geglättet und entschärft, etwa wenn man für das heutige Publikum schwierige oder unzeitgemäße Fachbegriffe wie „jüdische Fratze" ausspart, meist aber recht wortgetreu, allenfalls mit anderen Namen.

Etwas zum Lachen

Erst das Geschäft

Levysohn, Pinkus und Marcus wollten sich taufen lassen. Levysohn betritt als erster das Pfarrhaus. Außen warteten die anderen schon eine halbe Stunde. Levysohn kam nicht zurück. Endlich streckt er grinsend seine Fratze aus der Türe.

„Nun?", schreien die beiden anderen. „Biste endlich e Goi?"

„Mir haben noch garnicht gefangen an", erklärt Levysohn, „hab ihm zuerst verkauft en Staubsauger!"

Erinnerung an die Inflation

Es war im heurigen Sommer. Isidor und Abraham watschelten zur Badeanstalt. An der Kasse mußten sie 40 Pfennig Eintritt bezahlen.

„Gott, wie billig", staunte Isidor. „Wie ich gebadet habe das letzte Mal, mußte ich bezahlen tausend Mark."

Er zahlt drauf

Jud Blau ist sehr traurig:

„Seit 3 Jahren zahle ich ununterbrochen auf mein Geschäft drauf!"

Sagt ein anderer:

„Jo, warum sperren Sie denn dann nicht zu?"

Blau ist empört!

„Großer Gott, wovon soll ich dann leben?"

Das Darlehen

Jud Pinkus und ein Nichtjude sind im Walde von Räubern überfallen worden. Eben schicken sich die Wegelagerer an, die beiden auszuplündern. Da zieht Pinkus schnell seine Brieftasche heraus und sagt zu seinem Leidensgenossen:

„Ja, richtig, ich bin Ihnen noch 500 Schilling schuldig, da haben Sie sie zurück!"

In der Straßenbahn

Levy und Moses unterhalten sich.

„Gestern hat mich der Schaffner in der Straßenbahn angeschaut, wie wenn ich noch nicht bezahlt hätte."

„Und was hast du da gemacht?"

„Ich habe ihn zurückangeschaut, wie wenn ich doch bezahlt gehabt hätte!"

Kleine Nachrichten
Was das Volk nicht verstehen kann

Der Milchkontrollassistent Andreas Männle in Titisee unterhält Beziehungen zu den in Durbach noch ansässigen Juden. Am 18. März 1939, mittags 13.30 Uhr unterhielt er sich freundschaftlich mit der Volljüdin Elsa Strauß.

•

Der Metzgermeister Josef Berten in Hinsbeck bei Lobberich (Rheinland) begrüßte am 17. Juni 1939 vor seinem Laden in der Hermann-Göring-Straße den Juden Philipp Israel Sanders mit den Worten: „Na, Philipp, wie geht es Dir denn noch?" Daraufhin betrat der Jude den Laden des Metzgermeisters.

•

Bei Metzgermeister Anton Kill in Kruft, Bez. Koblenz, geht der Jude Salomon aus Kruft ein und aus.

•

Der Kohlenhändler und Fuhrunternehmer Heinrich Bernhard Schwede, wohnhaft in der Konrad Martinstraße 4 zu Paderborn, beförderte am 28. Juni 1939 die Möbel des Juden Louis Israel Sternberg aus der Konrad-Martin-Straße 12 zu Paderborn, wobei der Jude neben ihm auf dem Lieferwagen saß.

Beispiele aus dem „Stürmer", No. 30 und 32 des Jahres 1939:

Etwas zum Lachen!

Der Konkurs

Jud Mayer ist gestorben. Er hat viel Schulden hinterlassen. Der Rabbiner hält am Grabe eine große Rede. Schließlich sagt er:

„Ach, meine Lieben, wie viel haben wir doch an dem teueren Dahingegangenen verloren!"

Worauf Jud Blau zu seinem Nachbarn sagt:

„Hab gar nicht gewußt, daß der Rabbiner auch an dem Konkurs beteiligt war!"

Der Maskenball

Die kleine Selma möchte zum ersten Male auf einen Maskenball gehen. Sie geht zu ihrem Tateleben und sagt:

„Gib mir einen guten Rat! Wie soll ich mich herrichten für den Maskenball, damit mich kann keiner erkennen!"

„No, das ist sehr einfach, wasch dir den Hals!"

Die Auskunft

In der Judenschule wird der kleine Moritz vom Lehrer gefragt:

„Sag, Moritz, was weißt du über Alexander den Großen!"

Moritz lutscht am Daumen. Dann grinst er und sagt:

„Herr Lehrer, ich kann nur das Beste über ihn sagen!"

Die Arztrechnung

Jud Rubinstein bekommt eine Rechnung vom Arzt.

„12 Besuche bei Frau Rubinstein 500 Schilling
Medizin . . . . . . 50 Schilling
Summa: 550 Schilling."

Jud Rubinstein macht ein langes Gesicht. Schließlich schickt er an den Arzt 50 Schilling und schreibt dazu:

„Lieber Herr Doktor! Anbei 50 Schilling für die Medizin. Was die Besuche betrifft, so wird sich meine Frau erlauben, dieselben zu erwidern."

Die Mittagsruhe

„Du, Alhilber, sage mal, wann hältst du eigentlich deine Mittagsruhe?"

„Nach dem Essen schläft se 3 Stund!"

„Ich habe nix gefragt um deine Frau! Ich habe gefragt, wann du hältst deine Mittagsruuh!"

„No ja, wenn sie schläft, dann habe ich doch mei Ruh!"

Was nicht Raffe ist auf dieser Welt ist Spreu! Adolf Hitler

Soeben erschienen!

Die Judengesetze Großdeutschlands

Herausgeber:
Julius Streicher

Verfasser:
Dr. Peter Deeg

Mitglied des Reichsinstituts der Universität Berlin

Die einzig vollständige und leicht verständliche Gesamtdarstellung der Judengesetze Großdeutschlands seit dem Machtantritt des Nationalsozialismus. Ausführlich mitberücksichtigt sind die Vorschriften über die Entjudung der deutschen Wirtschaft, des Gewerbes und des Grundbesitzes sowie die Wohnraumgesetzgebung.

Umfang 340 Seiten mit vier Tafeln, genauem Sachverzeichnis und Gesetzesbang. Preis in Ganzleinen geb. RM. 4.60

Ein Buch, unentbehrlich für Partei- und Amtsstellen und interessant für jeden am Volks- und Staatsleben mitnehmenden Deutschen.

--- Bitte ausschneiden ---

Bestellzettel

An den
Stürmer-Buchverlag, Nürnberg 2, Postfach 382

erbitte .... Deeg, Die Judengesetze Großdeutschlands

in Leinen geb. RM. 4.60

zuzüglich Porto — gegen Nachnahme — zahlbar nach Erhalt
— Betrag anbei in Briefmarken

Name: ....

Wohnort: ....

Straße: ....

Erhältlich in jeder Buchhandlung.

Man mag sich darüber wundern, warum es den heutigen Anhängern des „jüdischen Humors", die ihre Vorliebe auch gerne als stichhaltigen Beleg dafür anführen, dass sie selbst gar keine Antisemiten sein könnten – insbesondere auch dann, wenn gar niemand danach gefragt hat – unklar ist, dass ausgerechnet Streichers „Stürmer" die Quelle ihrer scheinbar „politisch korrekten" Belustigung ist. Dem lässt sich aber entgegenhalten, dass schon die damaligen Zeitgenossen nicht übermäßig gewitzt waren, wäre ihnen doch sonst etwas Markantes aufgefallen, an den Karikaturen des Zeichners *Philipp Rupprecht* (1900-1975) alias „Fips":

(Wikipedia // „Stürmer" Ausgabe 41/1936)

Selbst ein oberflächlicher Betrachter der meist aufgedunsenen, hässlichen Rundköpfe mit krummen Nasen und wulstigen Lippen, wird die *auffallende Ähnlichkeit* zwischen Streichers eigenem Aussehen und dem seiner pseudo-„jüdischen" Klischee-Figuren bemerken. Noch eigenartiger ist es natürlich, dass Streicher mit antisemitischen Figuren seines Zeichners Fips, die am meisten ihm selbst ähnelten, einen solchen *Erfolg* haben konnte. Über Auffassungsgabe und Realitätssinn der damaligen Herrenrasse sagt dies ebenso viel wie über die Wirkung immer wieder wiederholter, unhinterfragter Propaganda.

Die Leute werden blind und blöd davon und sehen nicht mal mehr, dass der Wolf im Schafspelz gar keinen Schafspelz trägt. Den tragen die dummen Betrachter, die sich an den niedergemetzelten Schafen bereichert haben, freilich nur in guter Absicht, selbstverständlich! Und so ist es natürlich vor allem wohl der Neid des kleinen hässlichen Dörflers, der Julius Streicher umtrieb. Er, der Super-"Arier" projizierte seine eigene äußere Hässlichkeit, wie auch innere Unzulänglichkeit auf "die Juden" und vergiftete damit ein freilich bereitwillig folgendes Volk, das den Parolen *"Die Juden sind unser Unglück"* oder *"Die Juden gefährden den Weltfrieden"* gerne Glauben schenken wollten. Wer meint, dass das heute kein Thema mehr ist, sollte eine Umfrage zur Kenntnis nehmen, nach der 70 % der Deutschen das kleine Israel im Jahr 2013 als „*größte Bedrohung für den Weltfrieden*" einstuften, weit vor Iran, Al-Kaida, ISIS und Co.

Spielt es nun eine Rolle, ob von Juden, Arabern, Österreichern oder Belgiern die Rede ist? Kaum, anders ist es aber vielleicht, wenn Israelis – zum Ärger antijüdischer Prognostiker seit Jahrzehnten *in gleichbleibend großer Mehrheit* jüdisch – solche Witze erzählen.

Ein verbreiteter, jedoch wenig feiner israelischer Witz fragt: *„Wie nennen Charedim* (ein „Goi" würde hier „Ultra-Orthodoxe" sagen) *einen Vibrator? – Antwort: Mesusa"*. Ist das *komisch*? Beleidigend? Oder doch ironisch, da *Mesusa* zwar die meist fingergroße Kapsel bezeichnet, die man, nach biblischem Gebot, zur Befestigung von kleinen, mit Texten der Tora beschriebenen Röllchen, an einen Türpfosten hängt, wortwörtlich aber der „Türpfosten" selbst ist, an dem die Kapsel eben befestigt wird. Man müsste eigentlich nur wissen, welche *„Mesusa"* im Witz gemeint ist, vielleicht auch nicht, denn Witze zu erklären ist an sich meist *nicht* witzig. Sinn und Herkunft von Wörtern auch nur gelegentlich.

Gerne in entsprechenden Witzen taucht der Begriff der *„Schickse"* auf. Als solche wird, abgeleitet vom französischen *„chic"*, ein „leichtes", übermäßig „schick" aufgemacht empfundenes Mädchen bezeichnet – jedoch *auf Deutsch*. In den letzten Jahren häuften sich aber Versuche, den Begriff „jiddisch" zu deuten, als Bezeichnung für ein „nichtjüdisches" Mädchen.

Ins Klischee passend war die ge- oder besser erfundene Ableitung vom hebräischen שקץ *scheketz* – was in der Tora unter den *Speisegeboten* zur Nahrung verbotenes *Gewürm*, *Insekten*, *Ekel*, etc. bezeichnet. Abgesehen davon, dass hebräische Wörter auch im „Jiddischen" ihre Wortwurzel *behalten* und das „tz" von *scheketz* in

„Schickse" gar *nicht* vorkommt, fehlt da auch jeder humoristische Einschlag, ganz abgesehen davon, auch weil es wenig Sinn macht, jemanden als „reptil" zu bezeichnen. Die Nichtjüdin nennt man entsprechend zum *Goi,* dem Nichtjuden, sodann auch *Goja,* bzw. „Jiddisch": *Goije* oder *Goite.* Begriffe, die bis heute in der realen jüdischen Sprache existieren.

Inzwischen ist aber die propagierte Annahme, Schickse *sei* ein verbreitetes jiddisches Wort zur *selbsterfüllenden Prophezeiung* geworden und wird auch in „modernen" Wörterbüchern zitiert, obwohl es dafür keine Belege gibt und es vom linguistischen Standpunkt *unmöglich* ist.

Aber so ernst muss man es nicht nehmen. Denn zur Auffassung über den jüdischen Humor gehört es offensichtlich auch, dass er mit Fakten nach Belieben umgehen kann. *Fake news about fake Jews.* Und die (selbst konstruierte) Vorstellung, dass Juden auf „Nichtjuden" abschätzig herabsehen wollten, gefällt sicher manchem, der sich leidenschaftlich mit „den Juden" befasst.

Das wissen wir spätestens seit Streicher, dem es bekanntlich ein besonderes Anliegen war, blonde christliche Deutsche vor Nachstellungen jüdischer Bestien zu bewahren.

„Sogar" aus dem Evangelium zitiert: Der Stürmer, 30/1939, S. 6

Zum Witz gehört es offenbar, dass man ihn sich *selbst basteln* darf und dass man Spracheigenheiten und Traditionen *übergehen* kann. Freilich wird so gesehen aber der jüdische Witz dann doch wieder zum Witz *über* Juden. Das ist nun mal so und muss von jenen, denen etwas angedichtet wird, weder gewusst noch verstanden werden. Als Deutscher muss oder kann man kaum nachvollziehen, was für viele Israelis daran so komisch ist, wenn man auf die Frage, wie man ein Kondom *auf Deutsch* nennt (? איך אומרים קונדום בגרמנית) mit „*oger schpich*" (אוגר שפיך) antwortet.

מה זה אידיש? גרמנית בהומור וקצת וודקה
„*Was ist Jiddisch?*" – „*Deutsch mit Humor und etwas Wodka.*"

Aber wer ohnedies (s)einen Zugang hat zum jüdischen Humor, wird damit auch so keine Probleme haben oder aber damit leben müssen, dass *jüdischer* Humor nicht immer zwangsläufig *deutschsprachig* ist. Vielleicht ist das auch gut so, wie manches sich gerne richtig fügt: *Heil Hitler, Heil Kräuter*!

Denn auch wenn man die Pointen nicht immer versteht: *Humor ist's wenn man trotzdem lacht* und mit Karl Valentin lässt sich abschließend sagen: „Früher war ja auch die Zukunft noch besser!" Prosit und LeChaim. *Man kann nur witzig finden, was einen* (selbst) *betrifft.*

Und so bleibt letztlich vielleicht nur die Referenz an Karl Farkas[5] und seine berühmten „*Tabletten, die den*

---

[5] *Karl Farkas* (1893-1971) war ein Wiener Schauspieler und Kabarettist, von dem es oft heißt, er habe „als Jude vor den Nazis fliehen

Durst löschen", die sind ganz praktisch, wenn man in der Wüste oder sonst wo (wie) auf dem Trocknen sitzt: man nimmt eine von ihnen und der Durst ist weg. Der einzige Nachteil: man muss sie vorher in Wasser auflösen.

Premierminister Netanjahu mit Schweinenase und Israel als Verursacher der Schweinegrippe (انفلونزا الخنازير)

---

müssen", was zumindest nicht ganz korrekt ist. Aus dem Internierungslager in Gurs konnte er aber nur deshalb entkommen, weil er, wie er betonte, eben nicht „als Jude" floh.

So ähnlich müssen wohl auch die Initiatoren des iranischen „Internationalen" Cartoon-Wettbewerbs für Holocaust-Leugner gedacht haben, der angeblich als Reaktion auf die dänischen (!) „*Mohamed-Karikaturen*" initiiert und bereits mehrmals ausgetragen wurde.

Die Pointe? Christliche Nordmänner „beleidigen" den Propheten des Islam, worauf Islamisten damit kontern, um *Witze über den Massenmord an den europäischen Juden* zu machen. Manchmal ist ein Witz aber auch gerade *dann gut*, wenn die Pointe eine überraschende ist, manchmal versteht ihn gerade deshalb vielleicht keiner.

Das deutsche Sprichwort, dass es auf iranisch sicher so ähnlich geben wird, sagt jedenfalls: *Humor ist, wenn man trotzdem lacht*. Eben!

Übrigens haben weder US-Präsident Obama, noch die EU oder die deutsche Bundesregierung Schwierigkeiten dabei, in den holocaustleugnenden Mullahs im Iran etwas Anderes als „gemäßigte politische Kräfte" zu sehen. Selbst die deutschen Grünen, die sonst schon vor dem Begriff Atomenergie *zittern*, begrüßten ausdrücklich den Atom-Deal mit dem Iran, der dem Land die ansonsten so verpönte „friedliche Nutzung" der Kernenergie gestatten soll. Dass der Iran ein Erdbebengebiet ist, spielte dabei keine Rolle in den Erwägungen. Noch nicht. Und es wird auch nicht lustiger sich anderes vorzustellen.

Islamischer Humor (Ägypten 2012): Mubarak als Jude

CNN Sponsor Qatar: Verteufeltes Judentum[6]

---

[6] Aus der Klo-Schüssel steigt das arabische Wort „Holocaust" (هولوكوست) empor, Karikatur aus *Ash-Sharq*, Qatar, 2011

"60 Jahre Holocaust", *Akhabar al-Khalij (Bahrain) 2005*

Arabische Küche: Kulinarisches Holocaust Rezept, Gaza, 2013

Auf gut Deutsch gesagt: Jüdisch.

Wenn Juden nun *Daitsch* sprachen liegt es nahe, dass Jüdisch und Deutsch viel gemeinsam haben. Das bestreitet niemand, aber gleichwohl sieht man das Verhältnis eher als eine Art einseitiger Abhängigkeit. Vielen gilt die *jüdische* Sprache, das „Jidisch" (engl. „Yiddish") als eine Art „Dialekt" der deutschen Sprache, andere sehen es zumindest als eine weitgehend eigenständige Sprache. In Schweden, wo es unter zehn Millionen Menschen kaum zehntausend „Judar" gibt, ist „Jiddisch" seit dem Jahr 2000 eine offizielle, staatlich anerkannte „minoritetspråk". Zwar hatte das *Svenska Minoritetsspråkskommitté* davon abgeraten, doch die Regierung setzte sich über die fachliche Empfehlung hinweg und auch der Riksdag ließ sich nicht lumpen und stimmte mehrheitlich zu. Man behauptete einfach, dass es 4000 *Jiddisch-sprachige* Juden in Schweden gäbe (rea wären selbst 40 schon eine Übertreibung) und wollte ihre Sprache offiziell schützen, auch als Beweis für die Welt, wie *tolerant* die schwedische Gesellschaft und Politik sind. Scheinbar eine zwingende Voraussetzung um andererseits außenpolitisch Druck auf Israel, den Judenstaat zu entfalten. In Deutschland ist Jiddisch als Minderheitensprache – trotz zahlreicher *deutscher* Klezmer-Gruppen – kein Thema, bislang. Spätestens seit 2009 ist das auch in Schweden ein theoretischer Ansatz. Als damals in Malmö das Davis-

Cup-Spiel zwischen Israel und Schweden ausgetragen wurde, randalierten linksgerichtete Schweden zusammen mit muslimischen Einwanderern in der Stadt gegen "die Juden", weshalb das Tennis-Duell aus "Sicherheitsgründen" unter Ausschluss der "Öffentlichkeit" ausgespielt wurde (das israelische Team gewann überraschend). Abseits der Sporthalle kam es trotzdem zu zahlreichen Anschlägen gegen Juden und jüdische Einrichtungen, u.a. wurde – bemerkenswert – die *Friedhofshalle* der Malmöer jüdischen Gemeinde in Brand gesteckt. Immer wieder werden Juden und jüdische Einrichtungen in Schweden angegriffen. Bekanntestes Beispiel dafür der Sprengstoffanschlag auf die Synagoge in Malmö am 23. Juli 2010. Da die schwedische Polizei die Übergriffe, darunter auch Brandsätze, meistens als (harmlose) Streiche von "dummen Jungen" bagatelisiert, ist die logische Konsequenz auf Dauer klar: Die kleine Zahl der Juden in Schweden reduziert sich durch Abwanderung noch mehr. Gesellschaftlich relevant ist das bei den wenigen Juden in Schweden nicht. Es reicht wahrscheinlich auch, Juden hin oder her, wenn formell wenigstens die *Jiddische minoritetspråk* geschützt bleibt, ganz gleich, wer sie nun eigentlich auch immer sprechen mag.

Das Verhalten der deutschen Öffentlichkeit gegenüber "ihren" Juden ist dem Beispiel Schweden übrigens ähnlicher, als manchen auf den ersten Blick bewusst ist.

Auch in Deutschland sind Juden omnipräsent, und gleichfalls nur thematisch. Es wird geredet, diskutiert und interpretiert ohne Ende – freilich ohne Juden selbst zu fragen. Die braucht man dazu nicht, weiß man doch eh besser Bescheid über deren Eigenschaften. Zwar bestreitet niemand, dass in der deutschen Sprache hebräisches Vokabular Eingang gefunden hat, doch denken viele dabei in aller Regel an leicht erkennbare Begriffe wie „schalom", „Uzi", „Kibbutz" oder „Schoah" oder etwas weiter zurückliegend *Amen*, *Cherubim* und *Halleluja*, die aber oft auch über das Christentum oder durch Humanisten aufgegriffen wurden. Eher rätselhaft erscheinen Begriffe wie „malochen" für körperlich schwer arbeiten, da man die Existenz zahlreiche jüdische Bergarbeiter im Ruhrpott inzwischen verdrängt hat.

In weit älterer Zeit jedoch, als die Ungetauften „dütisch" und die Juden „daitsch" redeten, sickerte so manches Wort aus dem Hebräischen in die Sprache der Einheimischen, darunter sehr *aufschlussreich* auffallend viele Begriffe aus den Bereichen Technik und Landwirtschaft.

Eine wirklich nur kleine Auswahl von Begriffen, die erwiesen bereits in der Bibel vorkommen (in Klammern jeweils das hebräische Wort, von dem sich das deutsche ableitet): Acker (ekar), Asche (esch), Bad (bat), Bauer (bo'er), Beere (peri, vgl. engl. *berry*), Bier (bir), Dach

(dach), Erde (erets), Gatter (gader), Gitter (gedir), Hacke (haka), Hammel (chamal), Haube (chupe), Herbst (chorep), Kissen (kise), Mappe (mapa), Messer (mesar), Mitte (mitze), Ofen (ofe = backen), Pech (pecha), Pferd (perd), Pfirsisch (ferisch), Porzellan (parsel = Erz), riechen (riach), Sack (sak), schaffen (schaffa), Schaukel (schakol), schön (chen), schöpfen (schofa), schuften (schowed), Säge (sakin), sauer (se'or), Seife (safon), Seite (sad), sieden (sid, sud), Sitz (schit), Stier (schor, tor), Stute (sus), Tiegel (duga), zahm (tam), Zeit (et).

Heute gleichfalls vergessen, ist die fast schon obsessive Beschäftigung der Deutschen mit Juden und Jüdischem im 19. Jahrhundert. Jedoch ist dies von den aus einer calvinistischen Familie aus Hanau stammenden Brüder Jacob Grimm (1785-1863) und Wilhelm Grimm (1786-1859) dokumentiert worden, die der Allgemeinheit freilich eher durch ihre Hausmärchen-Sammlung (1812-1815) wenigstens namentlich bekannt sind. Im Jahr 1854 erschien der erste Band ihres *Deutschen Wörterbuchs* (DWB), für das sie zuvor fast zwanzig Jahre Material gesammelt hatten. Nach ihrem Tod führten andere Sprachwissenschaftler das Werk fort. Erst 1961 nach 123 Jahren wurde das Projekt mit dem 32. Band vollendet. 1971 erschien schließlich noch ein Quellenband.

Alle Bände zusammen umfassen in der vierten Auflage von 1999 exakt 34.824 Seiten.[7]

Im 1877 veröffentlichten zehnten Band H-J des DWB finden sich nicht weniger als 12 komplette Spalten (2351-2363) mit zahlreichen Stichwörtern die oft verblüffenden Bezüge zu *Juden* und *Jüdischem* herstellen aber im heutigen Sprachgebrauch größtenteils nicht mehr vorkommen. Im 19. Jahrhundert freilich waren diese Begriffe mehr oder minder gebräuchlich und zweifellos für alle prägend, die mit diesem „objektiven" Standardwerk der deutschen Sprache und den teilweise umfangreichen beigefügten Begriffserläuterungen vertraut gemacht wurden. Sich damit (wenigstens in Auszügen) vertraut zu machen, lohnt sich – unter anderen Vorzeichen auch heute noch oder wieder. Die entsprechenden Einträge (die Schreibweisen sind, wo sie keine im Werk aufgeführten Belegstellen zitieren, dem heutigen angepasst) beginnen alphabetisch mit „Judas", der u.a. erläutert wird

als Synonym *„für einen heimtückischen Menschen überhaupt"*.

Es folgen

---

[7] Die Online-Ausgabe ist abrufbar unter der URL: http://germazope.uni-trier.de/Projects/DWB

JUDASBAUM

JUDASBEUTEL, eine bildliche Metapher für das *„Verlangen nach schnödem Gewinn"*

JUDASBRUDER = *„ein falscher Bruder"*

JUDASJAGEN nimmt Bezug auf einen auch in der Augsburger Region (*Jaudasjagen*) belegten katholischen Brauch zur christlichen Fastenzeit, mitunter wurde eine Judas-Strohpuppe dabei verbrannt. Heute nennt sich das „Osterfeuer".

JUDASGRUSS, JUDASKUSS

JUDASOHR, Name einer ostindischen Flussschnecke *voluta auris Judae,* vom Aussehen erinnert die Muschel eher spitzen Eselsohren

JUDASÖHRLEIN, ein Schwamm *peziza auricula*, auch JUDASSCHWAMM (heute vermutlich *Sponge Bob*)

JUDASSCHWEIS, ein besonders starker *Angstschweiß*

JUDASZUNGE, *falsche Zunge*

Ausführlicher erklärt wird das Stichwort JUDE, unterteilt in 10 Unterpunkte:

1. der fremde Eigenname, der im lateinischen Gewande zu uns kommt

2. *Jude* heißt sowohl der Bewohner des jüdischen Landes im alten Testament, wie auch der von dort Vertriebene ...

3. von ihren schlimmen Eigenschaften werden namentlich ihre Unreinlichkeit, sowie ihre Gewinnsucht und ihr Wuchersinn in mannigfachen Verwendungen betont ... („*er stinkt wie ein Jude*", „*schmecken wie ein toter Jude...*")

4. Sprichwörtliches: „*Willst du einen Juden betrügen, musst du ein Jude sein*" ...

5. Unter *Jude* wird auch bloß der hausierende Handelsjude verstanden: *etwas beim Juden kaufen, der Jude schachert,* ... Sprichwörtlich: *fürs Gewesene gibt der Jude nichts*

6. Auch abgesehen von der Religion, wird der, welcher gewinnsüchtig und wucherisch verfährt, ein Jude genannt ...: ein unbeschnittener Jude; „*zwanzig Prozent nimmt der allerchristlichste Jude*" (Lessing), „*Es gibt doch wohl auch Juden, die keine Juden sind*" (Schiller), ...

7. der Ewige Jude, als Bild eines unruhig umherziehenden Menschen

8. Einige Handwerksleute nannten die Jungen (Lehrlinge) die noch keine Gesellen waren „Juden", weil sie nach ihrer Zeremonie noch nicht „getauft" waren.

9. Jude, ein Gedicht, Fabel: jemanden *einen Juden anhängen*

10. ein stacheliger Bart: *„ich habe einen wahren Juden im Gesicht, muss mich balbieren lassen"* …

* * *

Das ist schon mal nicht schlecht, doch dem Stichwort JUDE folgen nun eine Anzahl damit verknüpfter Assoziationen etwa die JÜDELEI, das JÜDELN, als *Verb* auch: *juden* (ich jude, du judest, er judet, …ihr judetet, ihr werdet gejudet haben …).

JÜDELN wird dabei so erklärt: *die Art eines Juden öfter zeigen; im Handel betrügen; wie ein Jude riechen*… Verwandt damit ist wohl auch das Verb JUDENZEN: *eine jüdische Art an sich tragen und hervorkehren, im Denken*… Die „Zuspitzung" davon dürfte wohl der Terminus JÜDSCHEN sein, ein Verb welches erklärt wird mit: *„jüdisch machen, daher: beschneiden"*.

Es gibt jedoch noch eine ganze Reihe spezifischer Begriffe wie JUDENBENGEL („*Schimpfwort für einen jüdischen Knaben oder jungen Mann*"), JUDENJUNGE, JUDENFRAU, erstaunlicherweise ein Synonym für „Jüdin", JUDENGENOSSE („*Genosse der Juden nach Art und Glauben: weh euch, Schriftgelehrten und Pharisäer, ihr Heuchler...*"), JUDENMÄDCHEN, ... oder summa summarum: das JUDENGESINDEL, im Deutschen Wörterbuch dargelegt als „*das weltverlaufene und an seinem Erlöser treubrüchige Jüdengesindlein*".

Eine Anzahl von Begriffen leiten sich von der Religion ab:

Der JUDENAPFEL etwa, definiert als *citrus decumana*, Paradiesapfel, von den Juden zum Laubhüttenfest gebraucht (gemeint ist der *Etrog*, heute durchgängig als *citrus medica cedra* bezeichnet. (Vom hebräischen Wort *etrog* leitet sich über persisch *etransch* das heute in aller Munde befindlich *Orange* ab, was allgemein für Arabisch gehalten wird. Im Arabischen heißen Orangen freilich „*burtukal*"). In der „*teutschen apothek*" (1548) werden „Citronaten" als „Judenöpfel" übersetzt.

Als JUDENFUHRE wurde von Fuhrleuten bezeichnet der „*Transport mit* JUDENÄPFELN *von Italien nach*

Deutschland zum Ausschmücken der Laubhütten, der schnell geschehen musste und gut bezahlt wurde."

Das Stichwort JUDENSCHUL wird erläutert als Synagoge. Sprichwörtlich: *„es geht zu wie in einer Judenschule"* (d.h. *laut, lärmend*; ein Ausdruck der nicht nur bei älteren Deutschen zumindest im ländlichem Schwaben noch geläufig ist, wobei klar ist, dass es sich nur um einen tradierten Ausdruck handelt, ohne eigenem Erfahrungshorizont).

„ich schätz, du seist dein Freunden als genehm, als wenn ein Sau in die Judenschul käm"

Viele Begriffe sind auch heute noch selbsterklärend (auch wenn nicht ersichtlich ist, worin der Bedarf dieser Ausdrücke bestand): JUDENBART (*„großer Bart nach Judenart"*), JUDENDEUTSCH (*„Deutsch wie es die Juden sprechen mit hebräischen Bestandteilen versetzt"* – „Christendeutsch" wäre demnach wohl „Deutsch wie es die Christen sprechen, mit lateinischen Bestandteilen versetzt" ...?).

Ein JUDENBEKEHRER ist jemand, der versucht Juden *zum* Christentum zu bekehren, der im „Erfolgsfall" daraus hervorgehende JUDENCHRIST wird auf zwei Weisen erläutert: 1. *ein Christ jüdischer Herkunft*, 2. *ein getaufter jüdischer Spekulant*. Die JUDENGASSE

(*"Gasse in welchem die Juden im Mittelalter abgesondert wohnen mussten"* – zumindest in Augsburg war dem trotz des Straßennamens *nicht* so), JUDENGEMEINDE, JUDENVIERTEL (nicht zu verwechseln mit dem erst viel späterbelegten VIERTELJUDEN), JUDENGLAUBE (auch JÜDEN-GLAUBE), schließlich auch das in neuerer Zeit vielfältiger verwandte JUDENHAUS (*"Haus eines Juden, Haus wo Juden wohnen"*, aber auch als Begriff für *Synagoge*; sprichwörtlich: *"er ist so willkommen wie ein Ferkel im Judenhaus"*).

Neben Judenhaus und Judenschul ist dem DWB gemäß noch JUDENKIRCHE ein anderer Begriff für Synagoge, der auch in alten städtischen Urkunden in Augsburg namentlich belegte JUDENKIRCHHOF bezeichnet hingegen den Friedhof in der Stadt, der anders als man dem Begriff nach vermuten könnte, *nicht* in der Nähe der Synagoge war.

Der JUDENHUT ist ein *"Hut von der Form und mit dem Abzeichen, wie ihn die Juden im Mittelalter tragen mussten"*, zugleich aber auch ein *"Pflanzenname: auch Judenhütchen, Judenhütlein: von rhamnus paliurus, judendorn, impatiens nolitangere, springkraut; physalis alkekengi, judendocke.."*

Der Autor mit Judenhut[8]

Etwas sehr verharmlosend ist die Erläuterung des JUDENRINGLEIN: *„Ringlein wie es die Juden als Abzeichen auf der Brust oder auf dem Hut tragen"*. Zum einem trugen „die" Juden ein solches Abzeichen nicht freiwillig, sondern unter Nachahmung muslimischer Vorbilder an manchen Orten in Deutschland zeitweilig und unter Zwang. In Augsburg wurde 1434 eine solche Pflicht auf Drängen der Kirche angeordnet, damit die

---

[8] Nach historischem Vorbild gefertigt von Chana Tausendfels. Der im Bild gezeigte Hut wurde 2012 in Museen in Berlin und Frankfurt am Main ausgestellt.

Juden nicht mehr freundlich gegrüßt und *mit gut gekleideten* Priestern verwechselt werden konnten. Abgesehen davon hatte der Ring in Augsburg einen Durchmesser von 19 cm, was die Bezeichnung „Ringlein" unangebracht erscheinen lässt.

Einen expliziten Augsburger Bezug hat der Eintrag JUDENHAUBE, der so erklärt wird: *„eine Frauenzimmerhaube der Augsburger Tracht"*. Kopfbedeckungen für männliche Juden werden JUDENKAPPE oder JUDENMÜTZE genannt.

Es gäbe noch zahllose weitere Varianten und Unterbegriffe, die sich in den angeführten Belegstellen exemplarisch noch mehr verbreiten. Sprachlich interessant ist aber zum Abschluss eine Sammlung von Begriffen zur Erklärung der Natur, worin der Volksmund oder einzelne deutsche Naturwissenschaftler jüdische Eigenheiten entdeckten, die Motiv für eine entsprechende Benennung waren:

Da wäre etwa das JUDENHARZ auch bekannt als JUDENLEIM oder JUDENPECH und definiert als *„bitumen asphaltum"*, was nichts anderes ist als der (meist aus Erdöl gewonnene) Asphalt, der inzwischen überall zum Straßenbau verwendet wird. Den Arabern wird nachgesagt, dass sie bereits vor tausend Jahren damit praktische Erfahrungen sammelten. Warum man dies in deutschen Landen nun ausgerechnet mit gleich mehreren Begriffen „den Juden" zuschrieb ist unklar, aber sicher eine eigene Recherche wert – *some sunny day, for sure.*

Etwas seltsam mutet aber auch der JUDENSTEIN an, mancherorts als Ortsangabe vermittelt mit Bezug zu einem meist bereits verschwundenen, sprich überbauten jüdischen Friedhof. Im Wörterbruch der Grimm–Nachfolger ist Judenstein aber tatsächlich die Bezeichnung für *Olivenkern (Olivenstein), und die Olive entsprechend die Judenbeere.* denken Sie daran bei der nächsten Pizza-Bestellung! Jedoch: *Stachel oder Pfeile von Meerigeln ... „die lang und dünn geformten heißen* JUDENNADELN".

Als JUDENBAUM oder JUDENDORN bezeichnete man *rhamnus paliurus* heute eher geläufig als *Stechdorn*. Eine JUDENDOCKE *physalis alkekengi* nennt man heute *Lampionblume* – vorausgesetzt natürlich, man kennt die Pflanze *überhaupt*. Der namensgebende Blütenkelch der heute an Lampions erinnern soll wurde früher als „Judenhut" gedeutet. Als JUDENKIRSCHE bezeichnete man Hagebutten, heute am ehesten noch als Tee erhältlich. Fragen Sie Ihren Arzt oder Apotheker danach!

„Judenkirsche"

Als JUDENFISCH wurde hingegen *squalus zigaena*, der „Hammerfisch" angegeben: „*wegen der Ähnlichkeit seines Kopfes mit einer eigentümlichen jüdischen Kopftracht*". JUDENKRAUT hingegen wurde erklärt als „*stachys annua, jährige Rossnessel, Hexenkraut; auch achillea millefolium, Schafgarbe*".

Und in dieser Art geht es noch munter weiter: JUDENNUSS *staphylea pinnata*, kennt man heute als *Pimpernuss*. Die Pflanze ist selten geworden. Ihre Früchte sehen aus wie kleine Haselnüsse und erinnern geschmacklich an Pistazien. Überliefert ist die Existenz eines *Pimpernusslikörs* (lässt sich bei Bedarf mit *Google* finden).

Aber es gibt da auch die JUDENPAPPEL, den JUDENPFEFFER, den JUDENPILZ, die JUDENFEDER oder in literarischen Werken auch die JUDENLEBER („*Leber eines Juden*") als phantastisches Zaubermittel: „*... thut auch Drachenschuppen dran, Hexenmumien, Wolfeszahn, ... Judenleber, Ziegengall, Eibenzweige, abgerissen bei des Mondes Finsternissen.*" (Schiller). Nicht nur Schillers Freund Christian Körner fand dies ausgesprochen komisch und schrieb am 2. Dezember 1804 aus Dresden an den Verfasser: „*Als vollends die* Judenleber *mit solchem Pomp her deklamiert wurde, wäre das Parterre beinahe in allgemeines Lachen ausgebrochen.*" Das wäre heute anders?

Nach der Anzahl und Vielfältigkeit zu urteilen, muss Deutschland damals wohl noch ein JUDENLAND („*Land der Juden oder auch Land wo viele Juden wohnen*") gewesen sein, auch wenn die große Mehrzahl der Begriffe merkwürdig und absonderlich anmutet. Das meiste haben sich wohl JUDENSPÄHER (jemand der argwöhnischen Ausschau hält nach Spuren von Jüdischem: „*... an dem wackeren Herz möchte auch der scharfsinnigste Judenspäher keine Spur seiner Abstammung erkennen*") aus den Fingern gesogen, beim Versuch in die rätselhafte JUDENSEELE („*Seele eines Juden, von einem wucherischen Menschen*"; sprichwörtlich: „*verloren wie eine Judenseele*") zu ergründen.

Bedarf es viel Phantasie, um sich vorzustellen, wie ab 1877 gebildete Schüler und Studenten, mit den „objektiven", „sachkundigen" Erklärungen des hochangesehenen *Deutschen Wörterbuchs* der Gebrüder Grimm als „unbestechlichen" Maßstab „Juden" gemustert haben. Ist doch auch heute so: Wer etwas nicht kennt oder genau erklären kann, schaut ins Wörterbruch oder Begriffslexikon und schlägt nach. 1879 jedenfalls wurde von *Wilhelm Marr* die sogenannte „Antisemiten-Liga" gegründet, deren politisches Ziel *„die Vertreibung aller Juden aus Deutschland"* war. Über dreißig Jahre, bis 1918 waren zahlreiche Abgeordnete antisemitischer Parteien im Deutschen Reichstag vertreten, ein Faktum, dass gerne übersehen wird von allen, deren Geschichtsverständnis erst 1919 mit Hitler und der NSDAP beginnt.

Was ist mit all diesem Vokabular und den Ideen die sie in den Köpfen hervorriefen passiert? Zu Beginn des 20. Jahrhunderts ist der Sprachschatz zur Definition der Juden zweifellos noch weit vielfältiger geworden – und wahrscheinlich ließe sich die Sammlung von Begriffen, erheblich ausbauen, würde man Nazi-Postillen wie den „Stürmer" systematisch auswerten und nicht nur auf die Karikaturen achten, die Streichers Aussehen auf Juden projizierten oder auf (anti-) jüdische Klischee-Witze.

Aus den Wörterbüchern der Zeit nach 1945 ist aber bereits auch das meiste aus dem Bestand des DWB vollständig verschwunden. Man ist wortkarg geworden in Bezug auf Juden: *Vom Fetisch zum Tabu*. Im nunmehr wieder ungedruckten Volksmund hat sich aber gewiss weit mehr gehalten als vermutet oder eingeräumt wird.

Immer noch etwa hört man ganz selbstverständlich Ausdrücke wie *Halbjude* (ohne das erläutert wird, welche Hälfte der betreffenden Person jüdisch sein soll: die rechte, die obere?) Das kann bei der allgegenwärtigen Verbreitung und dem hohen Ansehen der Werke auch gar nicht anders sein.

Die Gegenwart des vereinten, weltoffenen Deutschland hat jedoch längst eigene Verhaltens- aber auch Sprachregeln festgelegt. Demnach würden andere Wendungen in einem solchen Werk stehen müssen, etwa die Metapher von den „*jüdischen Mitbürgern und Mitbürgerinnen*" (die keine Mit-Bürger sind, sondern Bürger oder nicht).

Insbesondere die modernere lokale, regionale, in aller Regel jedoch (abermals) universitäre Geschichtsforschung hat sich ein wenig doch verdient gemacht um die Schaffung von *Ersatzvokabular* für das was man nun etwas boshaft die „*Grimmsche Lücke*" nennen könnte: Da ist nun von *Hofjuden* die Rede, von *Schutzjuden*, von

Kammerjuden, von *Betteljuden* und *Judenregalen,* sogar *Vorstadtjuden* sind schon belegbar. Die meisten Begriffe verknüpfen sich direkt oder bald mit finanziellen Zuordnungen, die scheinbar unverzichtbare Grundlage sind, um Juden und Judentum (von außen) zu verstehen. Besitzende und besitzlose Juden werden *gleichermaßen* mit dem Merkmal des Unsteten typisiert und da Juden in früheren Zeiten nicht fliegen konnten, spricht man auch von Land- und nicht von Luftjuden.

Die gewiss bemerkenswerteste „Bindestrichisierung" im Zusammenhang mit Juden, die Grimm und ihre Mitarbeiter im 19. Jahrhundert wahrscheinlich verblüfft hätte, ist aber zweifellos der Terminus des *Nicht-Juden* dessen charakteristische Eigenart (wohl die eines *Ein-Nulltel*-Juden nämlich) in jeweiligen Kontexten als „nicht-jüdisch" umschrieben wird. Das erinnert ein wenig an Nicht-Schwimmer oder Nicht-Raucher, erscheint aber, da anders als Rauchen oder Schwimmen mit keiner spezifischen, nur zeitweiligen Tätigkeit als Ausschlussdefinition verbunden, etwa so „sinnvoll" wie der Begriff *Nicht-Mann* für Frau, *Nicht-Erwachsener* für Kind oder noch anschaulicher *Nicht-Katze* anstelle von Fisch.

Im spätmittelalterlichen oder frühneuzeitlichen historischen Kontext ist es offensichtlich, dass „Nicht-Juden" in Deutschland doch wohl *Christen* waren und keine

Nicht-Juden. Vielleicht vermeidet man diese direkten Bezeichnungen aber auch, um in akademischen Abhandlungen der jüdischen Verhältnisse nicht in Gefahr zu geraten, das Vokabular auf die eigene (in der Regel wohl „nicht-jüdische") Abstammungslinie anzuwenden. Man könnte von Hof-, Land- oder Bettelchristen abstammen oder falls man dies alles nicht zu persönlich nimmt, zumindest Größen wie Mozart oder Goethe im Blickwinkel auf ihre Steuerleistungen zu verengen. Es sagt – wie bei jüdischen Gelehrten ja auch – vielleicht viel mehr über Goethe aus, wenn man sieht, wie viel *Steuern* er gezahlt hat. Wozu soll man sich auch durch seine staubigen Bücher quälen? Und wer war der bessere Komponist, Mozart oder Beethoven oder Bach? Das kann uns ihre Musik objektiv eh nicht sagen, vielleicht aber die Einträge in den Steuerlisten?

War Deutsch einst jüdisch ...?

Für die Finnen, die (trotz Luftgitarrenweltmeisterschaften oder Kaurismäki-Filmen) nur recht selten weltweite Geltung erlangen, heißt Deutschland insgesamt *Saksa*, also Sachsen. Zwar gibt es in der Tat in Deutschland tatsächlich *drei* Bundesländer, die Sachsen, Sachsen-Anhalt und Niedersachsen heißen, aber 13 andere heißen eben nicht so. In einer Demokratie reichen 3/16 nicht. Der Name Sachsen soll sich vom Vorläufer des Schweizer Taschenmessers herleiten, findet sich aber, wie auch immer, erst im *Annolied*. Das wird zwar meist ins ausgehende 11. Jahrhundert datiert, stammt in der ältesten („erhaltenen") Fassung aber erst aus der Zeit des 30jährigen Krieges, als sich deutsche Christen großflächig mit römischen balgten. Ansonsten kommt *Sachsen* begrifflich eher in Britannien (Essex, Wessex, Sussex, no sex, etc.) vor, wofür es *vor* dem 17. Jahrhundert freilich auch keine Belege gibt, keine echten zumindest. Vielleicht liegt es auch daran, dass die Nachkommen der Angelsachsen selbst von *Germany*, also von Germanien reden. Das könnte man meinen, aber es ist nicht so. Den Begriff haben sie von den Römern, die bezeichneten damit aber all jene Stämme im Osten, die sie *nicht* erobern konnten, nach heutiger Geographie also eher Polen, Ukrainer oder Weißrussen. Für die anderen Völker (auf heutigem deutschem Gebiet - Türken natürlich noch nicht eingerechnet, weil …) die sie unterworfen *hatten*, kannten sie eigene Namen, die z.T. heute noch geläufig sind, beispielsweise Chatten (= Hessen), Sweben (= Schwaben). Der Begriff der Römer kam durch die römische Kirche auf das heutige Deutschland, das im Mittelalter ja auch Gebiete im Osten erschloss und der Kirche so „Lebensraum" verschaffte: Germania. Franzosen kennen zwar den analogen Begriff der „Germains", benutzen für moderne Zusammenhänge aber „Allemande", also Alemannen (z.B. von den Türken als *Almanya* übernommen). Inzwischen gilt der seit dem 19. Jahrhundert auch in Deutschland geläufige Begriff der Alemannen weitgehend als anachronistisch, auch weil er im Wortsinn keinen Volksstamm bezeichnet, sondern „alle Mannen" (Leute, vgl. „man": man tut, man sagt, man denkt …). Alemannen gebraucht man oft synonym mit Schwaben, den bei den Römern schon genannten Sveben (lustiger Weise immer noch oft als *Sueben* geschrieben, was ganz unbedarfte Zeitgenossen auf die Idee bringt, … richtig: es als *Süben* auszusprechen). Aber da wäre das slawische *nemetz* passender, was aber von der konstruierten Wurzel *něm herkommen soll und „stumm" heißt. Das erscheint zwar nicht gerade als plausibelste Erklärung für den Namen einer *gesprochene*n Sprache, aber diskutieren Sie mal mit deutschen Linguisten über tradierte Trugschlüsse!

Die heute geläufige Eigenbezeichnung von Sprache und Land ist *deutsch*, was im modernen Englisch als „Dutch" (sprich: *datsch*) („fälschlich") holländisch (resp. niederländisch) bezeichnet und auf Jüdisch (Jidisch, Yiddish) דײַטש, also *daitsch* heißt. Dazu nachher noch was.

Spätestens im 16. Jahrhundert bezeichneten mittelalterliche Juden – sozusagen als inländische Kronzeugen – das Land als Aschkenas, was von den bisher vorgestellten Bezeichnungen am Ehesten noch an *Sachsen* (Saksa) erinnert. Im ersten Buch der Tora (Vers 10.3) ist *Aschkenas* der Name des Sohns von *Gomer*, den man nicht unbedingt kennen muss, ebenso wenig wie dessen Vater *Jafet*.

Dessen Vater aber ist auch heute „noch" weltbekannt: *No'ach* (Noah), der Mann mit dem kistenartigen Schiff, das ungefähr 150 m lang, 25 m breit und 15 m hoch gewesen sein soll, und aus Holz. Die „Arche Noah" auf Deutsch, wobei „Arche" natürlich gar *nicht* Deutsch ist. Das hebräische Wort in der Bibel dafür ist „*aron*" und heißt wörtlich *Kiste* oder *Kasten*. Wie auch immer: *Aschkenas* nun war der Überlieferung nach der *Urenkel* von jenem No'ach.

Im biblischen Buch des *Jeremia* (Vers 51.27), etwa um das Jahr 600 v. H. entstanden, wird ein Königreich mit dem Namen Aschkenas erwähnt und es wird „aufgefordert", Babylon *anzugreifen*. Da die Babylonier kurz vorher Jerusalem zerstörten und das zentrale Heiligtum gleich mit, ist es klar, dass die Juden sich damals *um Beistand* bemühen. Auch *bei den Aschkenasen*, zu den offenbar ein guter Kontakt bestand.

Aber *wer* waren jene Aschkenasen und vor allem *wo* waren sie? Geläufig ist die Annahme, dass damit sog. „Skythen" gemeint waren, deren Siedlungsgebiet man etwa am Schwarzen Meer vermutet. Vermutungen die sich auf anderen Vermutungen gründen sind in der Regel aber nicht stichhaltiger als einfache Vermutungen. Nach heutiger Einschätzung kämen als Schwarzmeer-Bewohner wohl Griechen, Bulgaren, Rumänen, Ukrainer, Russen, Georgen oder mit der längsten Schwarzmeerküste am wahrscheinlichsten *Türken* in Betracht. Zwar hätte es eine durchaus pikante Note, wenn schon die antiken Vorfahren der Deutschen aus der heutigen Türkei zugereist wären. Die territorialen Unterschiede blieben aber bestehen. Und deshalb hilft das auch nicht weiter, um zu verstehen, warum *Aschkenas* zum Namen des Landes wurde, das wir heute als *Deutschland* kennen. Es reimt sich nicht mal.

In einem alten Gebetbuch von 1850 etwa steht auf der Titelseite „במנהיג אשכנז ופולין" also nach den *Gebräuchen* (von) *Aschkenas und Polen*. Polen ist einfach Polen, zumindest namentlich, denn geographisch hat Polen seine Gestalt und Lage sehr häufig verändert im Laufe der Geschichte. Wahrscheinlich war den Juden aber aufgefallen, dass die Leute zwischen Alpen, Donau, Rhein und Elbe von den einen so, von den anderen so genannt, offenbar aber nicht als Gemeinschaft aufgefasst wurden. Die staatliche Einheit wurde dann ja auch erst 1871 hergestellt.

Vor einem halben Jahrtausend bezeichnete Rabbi *Schimon Elieser Ulmo* aus dem schwäbischen Günzburg (gest. 1585) in seiner famosen Spruchsammlung „*Zuchtspiegel*" die „Nichtjuden" (Gojim) und ihre Sprache als *Aschkenasisch*, die Sprache der Juden aber als *Taitsch*. Das verblüfft, war aber damals so üblich. Im späten 19. Jahrhundert gingen („liberale") deutsche Juden dazu über, *sich selbst* als Aschkenasisch zu bezeichnen, meist in Abgrenzung zu den sog. *Sefarden*, den „Spaniern" (die in den 1490er Jahren aus Spanien oder Portugal kamen und hernach in Italien, der Türkei, in Holland oder im dänischen Altona und wo sonst noch lebten), die man in Israel heute eher *Misrachi* (von Hebräisch „*misrach*" = Osten) nennt, also soz. „Ossi".

Warum nun aber Aschkenas? Als ältester Beleg dafür gilt eine Anmerkung zu einem Kommentar des mittelalterlichen Bibel- und Talmudkommentators „Raschi" (ca. 1040-1105). In Vers 3.9 des letzten Buches von Moses steht, dass „die Zidonier" den Berg *Hermon* (heute Grenze Israel und Syrien) „Sirjon" nannten und die Emori das Wort „Senir" dafür kannten. Dazu hatte Raschi in seinem Kommentar nun angemerkt שניר: הוא שלג בלשון אשכנז ובלשון כנען, also: „*senir ist scheleg* (das hebräische Wort für *Schnee*) *in der aschkenasischen Sprache* (בלשון אשכנז) und *in der Sprache Kanaans* (ובלשון כנען)". Wie so oft, wenn es um grundlegende Definitionen geht bleibt hier die Auswahl: Als Konvention akzeptieren oder sich in mehr oder minder unschlüssige Details verfranzen.[9] Das heutige Hebräisch orientiert

---

[9] Die einzige reale Möglichkeit wie *Raschi* von „שניר" auf „Schnee" kommen konnte, wäre ein Schreibfehler, in welchem das Wort nicht mit einem „ר", sondern mit einem „ה" geschrieben wurde, also „שניה", was man auch entsprechend als „*schne*" oder „*sne*" aussprechen könnte. Da der Gipfel des Berges *Hermon* in der Tat meistens schneebedeckt ist – wovon Raschi als „Deutschfranzose" aber keine Ortskenntnis hatte – würde das ja auch passen. Hat Raschi einen Text vor sich gehabt, in welchem nicht „שניר" sondern „שניה" zu lesen stand? Oder bezieht er sich auf eine Sprache in welcher „*senir*" so viel wie Schnee heißt? Richtig, das deutsche Wort für „*scheleg*" lautet Schnee, aber was hat es mit der Sprache Kanaans auf sich, in welcher der Begriff genauso vorkommen soll? In der Bibel selbst ist Kanaan die „vorjüdische" Bezeichnung für den eher flachen Küstenstreifen des heutigen Israels. Da zuvor aber bereits Aschkenasisch wegen des Schreib- *oder* Lesefehlers *senir* = *schnee* mit der *deutschen* Sprache assoziiert wurde, wird die von Raschi angeführte kanaäische Sprache als Slawisch gedeutet. Man bräuchte also nur noch eine slawische Sprache in welcher das Wort für Schnee dem deutschen Wort für Schnee zumindest stark ähnelt, was mit snijeg/sneg (serbisch, kroatisch, polnisch, russisch, etc.) einigermaßen hinkäme. Aber noch ähnlicher wären sicher dänisch „*sne*" oder englisch „*snow*". Allenfalls das Arabische الثلوج scheidet wohl aus, während das türkische *kar* wenigstens noch mit dem gleichlautenden hebräischen Wort *kar* (קר) für kalt in Beziehung stehen könnte. Es gibt

sich übrigens an der englisch (römischen) Vorgabe nun benutzt die Begriffe „*Germanit*" für die Sprache und „*Germanja*" für das Land, während „*Aschkenas*" auch für die Juden in Israel an Bedeutung immer weiter abnimmt und in ein zwei Genrationen ein Anachronismus sein wird.

Da sich aber nun alle Fremdbezeichnungen der Deutschen mehr oder minder als unzureichend erwiesen haben, könnte man sagen, dass es schon ganz gut ist, dass die Deutschen mit dem Wort Deutsch eine Eigenbezeichnung gefunden haben. Leider ist auch sie nicht wesentlich schlüssiger. Zum einem wird der Begriff auch für die Sprache der Holländer benutzt: *Dutch*. Heute versteht man es als Niederländisch und Deutsch übersetzt man eben als German. Konventionen sind eben Konventionen. *Take it or leave it*. Andererseits war

---

noch eine Anzahl weiterer ähnlicher Stellen, aus denen ab dem 15. Jahrhundert dann der Bezug zwischen *aschkenas* und *deutsch* konstruiert wurde. Schlüssiger sind auch sie nicht. Auch nicht relevanter. Da zu Lebezeiten Raschis noch niemand „deutsch" schrieb oder sprach, erübrigt es sich auch fast. Weil es inzwischen so viele behauptet haben, dass es wohl stimmen muss.

Fazit: Ob durchdacht *oder nicht*, man wird nicht *schlauer*. Letztlich ernüchtert das aber nur jene, die sich berauschen wollten. Sind wir also damit zufrieden, solange niemand in Erwägung zieht, den Berg *Hermon* mit *Hermann* in Verbindung zu bringen: *Herman the German*. Im Nahen Osten reagiert man empfindlich auf sowas.

Deutsch früher Jüdisch. Fakt. Wie oben schon erwähnt, nannten Juden *ihre* Sprache *daitsch*, während die „Nicht-Juden" *Aschkenasisch* sprachen. Verwirrend? Mag sein. Manches hinterfragt man eben vielleicht auch besser gar nicht. Es kann nur noch schlimmer kommen.

Aber schon der Normalfall war offensichtlich recht misslich und aus einer gewissen Not geboren, einer Erklärungsnot um genau zu sein. Und so leitet man das Wort „deutsch" von einem vulgärlateinischen Phantasiewort namens „*theodiscus*" ab, das seinerseits vom griechischen ιδιώτης stammen soll. Vom genau selben Begriff stammt auch der allgemein bekannte „Idiot" ab, den wir heute als pejoratives Synonym für Depp, Trottel, Kretin, Schwachkopf kennen.

Bei den alten Griechen nannte man einfache Soldaten „*idiotes*", was vielleicht auch im heutigen Sinne *nicht ganz falsch* war, denn sie ließen sich immerhin darauf ein, für ihre adeligen Strategen vorweg in meist sinnlose und manchmal auch tödlich endende Schlachten zu ziehen. Nach unserem Verständnis entspricht der antike Idiot also etwa einem Rekruten oder Gefreiten. Die zugrundeliegende Idee ist aber das Wort ιδέα, was „Wesen" bedeutet, im Sinne von Vorstellung, Begriff, … „Idee". Der allgemeinen Überzeugung der deutschen Sprachwissenschaft war diese „Idee" nun ausschlaggebend für die weitere Wortgeschichte, die schließlich zum Völkernamen „deutsch" führen sollte. Das Adjektiv ιδεως, was übersetzt wird als „privat, eigen, abgesondert, wesenhaft", etc. – das entspricht übrigens recht genau dem hebräischen פרש, aus dem Christen den Begriff des *Pharisäers* (der Abgesonderte) abgeleitet hatten, jenes „*ideos*", so die Idee, sei nun latinisiert zu „*theodiscus*" geworden – man muss sich dabei die Endung wegdenken. In der Sprache der Goten (eigentlich: *Gotisch* …), die übrigens aus dem Kaukasus stammen sollen – also aus jenem Gebiet, in dem die Tradition das „Königreich Aschkenas" vermutete, wurde daraus nun *þiuda*, was angeblich „Volk" geheißen haben soll (quasi als eine Menge an „Idioten", bzw. einfacher Soldaten, einfacher „Leute"). Althochdeutsch (d.h. etwa bis zum 11/12. Jahrhundert) wurde dies dann *diutsch* geschrieben, worin manche aber nur wieder eine Rückübersetzung des lateinischen *theodiscus* sehen wollen.

Man bekommt von alledem leicht eine falsche Vorstellung. Zwar wird (nicht ungern) der Eindruck erweckt, als wäre eine Schreibweise im täglichen Gebrauch nachweisbar, aber das täuscht nur. Tatsächlich gibt es eine winzige Anzahl von einzelnen Schriften, die oft genug aber umstritten sind und zwischen zwei von ihnen können z.B. 240 Jahre Abstand liegen. Ob es eine Zwischenzeit gab oder ob das Wort in ihr so oder so oder überhaupt benutzt wurde, weiß niemand. Vielleicht, vielleicht auch nicht. Wenn man es so haben *will*, kann man es ohne Beweis voraussetzen oder aber mit demselben Gewicht, kategorisch bestreiten. Das hat weniger mit Fakten zu tun, als mit der „Logik der Idee", der Ideologie.

Anders als bei anderen Volkssprachen, soll im Fall „Deutsch" zuerst das Adjektiv bestanden haben, erst dann sei der Name auf die Sprecher übergegangen. Deutsch war demnach, wer deutsch sprach. Warum? Angeblich weil ein (christlicher) Besatzer und Landesherr Römer war und Latein sprach und bei Bedarf seine Dekrete *„tam latine quam theodisce"* vorgetragen ließ, als auf Latein also und auf „Völkisch". Diese Einschätzung basiert übrigens auf nur *einer einzigen* schriftlichen Quelle, die ins späte achte Jahrhundert datiert wird. Das setzt zumindest voraus, dass es Leute gab, die beide Sprachen beherrschten und einen Text auch übersetzen konnten. Bei der Gelegenheit hätte man die (ungetauften) Ureinwohner eigentlich auch fragen können, wie sie sich selbst nannten, aber vielleicht waren einige ja auch tatsächlich „stumm", so wie die Slawen es behaupten. Man hätte jedenfalls kein eigenartiges Kunstwort gebraucht, das über Griechisch, Lateinisch und Gotisch hin- und hergezogen worden sein soll, um das einfache, bereits vorhandene Wort „Volk" zu ersetzen, das es trotzdem weiterhin gab und heute noch gibt. Aber nun ja, der Legende nach sollen die christlichen Missionare ja davon ausgegangen sein, dass jene *„ethnikos"*, die ungetauften Völker „*Idioten*" waren, also einfache, ungelernte niedrige Soldaten, denen man eine Lanze in die Hand drückte und die man mit einem Klaps auf die Schulter in die Schlacht schickte.

Während die Fürsten und Bischöfe also Latein sprachen, redete der einfache deutsche Untertan, der „Idiot" *diutsch* (sprich: dietsch, dütsch oder doitsch) und die Juden sprachen Daitsch. Womit die spaßige Frage im Raum steht, ob jenes „deutsch" einst nicht *jüdisch* war. Schon auf Anhieb ist es klar, dass es Worte gibt, die sich etwas mehr unterscheiden als „deutsch" und „jüdisch". Die „sch"-Endung bezeichnet im Deutschen oft eine Sprache, meist mit „i", also „-isch". Von Span/ien kommt man so zu Span/*isch*, aus Türkei ergibt sich dann Türk/*isch*, aus Amerika Amerika(n)/*isch*, aus Kanada Kanad/isch, aus Portug/al Portug/isisch. Okay, geht nicht immer glatt auf, aber das Prinzip ist klar. Im Hebräischen entspricht diese „-isch"-Endung für Sprachen in der Regel „-it". Sfard/it, wäre spanisch, angl/it ist Englisch und German/it heißt deutsch. So riesengroß ist der Unterschied zwischen dem hebräischen „-it" und dem deutschen „-isch" nun nicht. Lassen wir die fast gleichen Endungen also weg, wird aus „deutsch" nun „*deut*" (vergl. i/diot) und aus „jüdisch" eben „jüd". Das deutsche Wort „jüdisch" leitet sich vom hebräischen „*jehud/it*" ab, was es auch als weiblichen Personennamen gibt: Judith, die männliche Form lautet Jehuda, besser bekannt in der gräzisierten (nicht präzisierten) Lautung: Judas.

Schon 1840 war sich Jakob Grimm in seinem *„Excurs über Germanisch und Deutsch"* sehr sicher, dass sich „diudisc" (sprich: *„doidisch, düdisch*) von der Form *thiuda* ableite, was gar „nicht bezweifelt werden dürfe", denn *„folglich stammt auch das ahd.* diutisc *aus* diot".[10] Wie weit nun ist das kolportierte gotische „thiuda" nun eigentlich von „jehuda" entfernt, um sagen zu können, dass es keinerlei Ähnlichkeit besitzt, während es andererseits ohne Zweifel als „deutsch" enden muss, oder als „Dutch", bzw. Daitsch. Das „ehu" in „Jehudit" zog sich im Namen „Judit" zum „u" zusammen, im Volksnamen wurde ein „ü" daraus: jüdisch. Im englischen hatte man es noch weiter verkürzt und es wurde „Jewish" (sprich: *dschu'isch*). Wie weit ist „thiu" von „jew" entfernt?

Der Lautwandel vom ahd. *diutisc* zum nhd. *Deutsch* ist bis heute nicht zufriedenstellend geklärt. Die aktuelle Germanistik stützt sich auf ein freilich konstruiertes, tatsächlich nirgends belegtes ursprüngliches „Erbwort" **ziudisk*, aus dem im 8. Jahrhundert *theodiscus* hervorging. Allerdings wurde schon eingehend beleuchtet, dass wir demnach von „dietsch" und nicht von

---

[10] Jacob Grimm - *Excurs über Germanisch und Deutsch,* in: Deutsche Grammatik - Erster Teil, dritte Ausgabe, Göttingen 1840; S. 10 - 20

„deutsch" sprechen müssten.[11] Wie spricht man korrekt den Namen Duisburg aus? Mit „u-i", mit „ü" ...? Eine recht einfache Lösung für dieses Problem ergibt sich, wenn man jenes „diutisch" dem damit unstrittig in Bezug stehenden niederländischen „duits" („deutsch", „doits" gesprochen) gegenüberstellt. Da es in vielen Teilen des heutigen Deutschlands früher holländische Sprachgebiete gab, ist das auch unproblematisch. Das änderte sich erst 1934, als holländische Beamte angewiesen wurden, den Gebrauch des Wortes "dutch" in englischsprachigen Korrespondenzen einzustellen, um eine weitere - bis dahin noch immer stattfindende - Verwechslung mit Deutschland auszuschließen. Stattdessen sollte von nun an das offizielle 'Netherlandish' Verwendung finden, was sich aber nicht durchsetzen konnte. Nichts desto trotz hatten sich bis dahin bereits eine ganze Reihe von z.T. wenig schmeichelhaften Begriffen zu 'Dutch' im Englischen herausgebildet, wie z.B. "*Dutch act*" für Selbstmord, "*to do a Dutch*" für weglaufen, desertieren, „*to pay Dutch*" für getrennt zahlen im Lokal, "*double Dutch*" für Kauderwelsch, Gequassel, "*Dutch nightingale*" für Frosch oder gar "*Dutch widow*" als Umschreibung für eine Hure.[12] In früheren

---

[11] Thomas Klein – „*Zum Alter des Wortes 'deutsch'*" in: Zeitschrift für Literaturwissenschaft und Linguistik: 'Deutsch - Wort und Begriff'; Jahrgang 24, 1994 - Heft 94; S. 12-25
[12] Hugh Rawson, *Wicked Words* - A Treasury of Curses, Insults, Put-Downs, and Other Formerly Unprintable Terms of Anglo-

Zeiten verstand man damit ganz sicher „Deutsche", wobei sich für Dritte von ihnen Holländer auch nicht wirklich unterschieden. Welchen Unterschied sollte im 18. Jahrhundert ein Italiener oder Russe auch zwischen Holländisch und Friesisch erkennen? Oder zwischen Schwäbisch und Jüdisch? In der niederländischen „das Wilhelmus" genannten Nationalhymne beruft sich *Wilhelmus von Nassawe* auf sein „duytsches bloet" (deutsches Blut), wird dann aber mit dem *jüdischen* König David verglichen, der einst vor seinem Amtsvorgänger Saul fliehen musste. Darstellungen der jüdischen Könige David und Salomon finden sich auch in der berühmten mittelalterlichen *deutschen* Kaiserkrone.

Schließlich wären da auch die nach Nordamerika eingewanderten Amish-People, deren heute noch gesprochenes altertümliches Deutsch als "*Pennsylvania Dutch*" bezeichnet wird, obwohl aus heutiger Auffassung der Begriff „German" verständlicher wäre. Wahrscheinlich ist es aber auch kein Zufall, dass die Amischen wegen ihrer altertümlichen Bekleidung immer wieder mal mit den sog. „ultraorthodoxen" Juden verwechselt werden. Schwierigkeiten in der Verständigung gibt es zwischen beiden Gruppen jedenfalls nicht, da beide ein archaisch klingendes Deutsch sprechen, bzw. Daitsch oder Dutch. Die strikte Unterscheidung zwischen diesen Sprachen

---

Saxon Times to the Present; Crown Publishers New York 1989; S. 131 f.

ist eine Errungenschaft der Moderne – und sie wurde hart errungen, wie wir alle wissen.

Wer als Jude in Deutschland lebt oder sich mit Deutschland auseinandersetzt, ist auf natürliche Weise mit der Sprache und ihren Traditionen verbunden, die trotz aller Entfremdung niemals fremd werden können. Umgekehrt trifft man als Deutscher immer und überall auf Jüdisches, auch dann, wenn man gar nicht damit rechnet.

Wer hat's erfunden? Was Deutsche und Juden einander abschauten

Es ist allgemein üblich geworden, das „Verhältnis" von Juden und Deutschen durch eine Art „Holocaust"-Schablone zu sehen. Da dem so *ist*, sind manche etwas verblüfft darüber, dass es auch *ohne* geht und dass sich vieles sonst Unbeachtete oder gar Tabuisierte aufspüren lässt. Das ist kein Appell „die" Vergangenheit zu verdrängen, sondern einen freieren Blick auf die umfassendere Geschichte und ihre Höhen und Niederungen zuzulassen. Sie reicht von der Antike bis zur Gegenwart und hat mehr Aufmerksamkeit verdient als gesenkte und verschämte Blicke bei steifen Kranzniederlegungen zu düsteren Trompetenklängen, vor ausgewähltem Publikum an ausgewählten Tagen. Die alltäglichen Schablonen versperren aber auch den Blick auf einige gut kaschierte Nazi-Geschichten oder von ihnen stammenden, weiter gereichte Verhaltensmuster. Und die nun sind gar nicht selten so lokal, dass viele es so genau gar nicht wissen wollen, oder nicht ertragen können. Nicht weniges davon wurde erst Jahrzehnte später aufgezeigt, zeitweilig wenigstens. *Schwamm drüber*. Verzeihen ist eine Tugend, ebenso den Nächsten so zu lieben wie sich selbst. Kein Wunder also, dass nur ganz wenige damit zögerten, und zunächst mal sich selbst verziehen.

Mancherorts sollen aber auch sog. „Stolpersteine" dem Gedächtnis auf die Sprünge *helfen*. Wie man nun vielerorts beobachten kann, klappt das sogar. Zumindest dann, wenn Leute darauf treten und bei feuchtem Wetter (noch besser im Herbst, wenn *bräunliches* Laub drauf liegt!) ins Schlittern kommen. Das erinnert dann ein wenig an die Sketche mit den Bananenschalen, ist aber, wie so vieles in Deutschland natürlich *ganz anders* gemeint. Direkt stolpern kann man über die Steine von *Gunter Demnig* nicht, da sie nicht hervorragen, sondern ebenerdig im Boden eingelassen sind – vielleicht als eine traurige Art Sparversion der Sterne am Hollywood Boulevard in Los Angeles. Auffällig ist, dass viele der Befürworter und Gegner dieser Gedenkform – deren Vorteil ohne Zweifel schon mal in der Kontroverse vorhanden ist – oft überflüssig emotional reagieren und einen verblüffenden Mangel erkennen lassen, Standpunkte anderer zu respektieren. Auch der Umgang mit Geschichte macht Geschichte. So wie manche der vehementesten Gegner der Stolpersteine, häufig bloß einen (freilich verschwiegenen) Mangel an *eigenen* ermordeten Verwandten haben, denen sie mit solchen Stolpersteinen überhaupt gedenken *könnten*, so gibt es andererseits auch Leute, die fast „süchtig" nach ihnen sind, aber meinen, dieses „Engagement" gebe ihnen ein wie auch immer geartetes moralisches Recht „Kritik an Israel" zu üben – was definitiv nicht der Fall ist. Das ist im günstigen Fall Selbstbetrug.

Die Grundidee des „Quadrat mit Text" kann aber auch von den schwarzen Boxen, den im deutschen etwas ungelenk als Gebetsriemen genannten „Tfilin" inspiriert sein, die Martin Luther als „*Denkzettel*" übersetzte, wovon sich auch die deutsche Redensart, jemanden „*einen Denkzettel verpassen*" ableiten soll. Die mitschwingende negative Bedeutung findet sich aber auch in der (christlichen) Redeweise „*jemanden die Leviten lesen*", die es so wohl nur ihm Deutschen gibt. Sie bezieht sich den *lateinischen* Namen des dritten Buchs der hebräischen Bibel „*Levitikus*", welches wenige Erzählungen, dafür aber umso mehr gesetzliche Bestimmungen und Regelungen aufführt. Letztlich ist das egal, da Ideen, wie wir in diesem Kapitel noch sehen werden, sich öfter auf weniger direkte Art und Weise beeinflussen.

Einen gemeinsamen Nenner – sprichwörtlich angeblich schwer oder manchmal nicht zu finden – ist in der Mathematik *immer* möglich. Da viele aber mit Mathematik selten Anerkennung verbinden, bleibt stattdessen oft nur ein, wenngleich auch begrenztes, Maß an Komik übrig. Und wenn, dann eher im Sinne versteckter Schadenfreude. Gemäß *Freud* dienen Humor und Komik aber dem *Lusterwerb*, genauer gesagt eigentlich nur der „*Unlustersparung durch Verdrängung*". Ob es ein Zufall ist, dass Sigmund Freud deutsch dachte und schrieb? Nun ja, er war vollständig assimiliert und da dem so war, ersann er seinen berühmten Ödipus-Komplex. Ein Haman-Syndrom (obwohl das damals in Wien *durchaus möglich* gewesen wäre), kam ihm ebenso wenig in den Sinn, wie ein *Messias*-Wahn, den man heute in Israel als „*Jerusalem-Syndrom*" tatsächlich kennt. Aber auch eine Hiob-Störung oder eine Miriam-Neigung und dergleichen wären „denkbar" interessant gewesen. Die *Traumdeutung* des *Schlomo ben Jakob* (so hieß hebräisch) Sigmund Freud wollte aber „objektiv" daherkommen und ignorierte jüdische Bezugnahmen und Kriterien. Die Freud'sche Traumdeutung war trotzdem, oder gerade deshalb den bald folgenden *Alpträumen* nicht gewachsen. Da Humor, wie wir schon gesehen haben, wörtlich aber „Feuchtigkeit" heißt und Komik „Festzug", kann sich jeder selbst eine Vorstellung davonmachen, zumal die Nähe zum *Fasching* (dem „Fasten-Ausschank") und seinen Gebräuchen augenscheinlich gegeben ist.

Der älteste Anhaltspunkt einer deutsch-jüdischen „Zusammenarbeit" geht auf König *Herodes* zurück, den Christen aus Ihren Evangelien kennen und Juden aus dem Talmud. Der römische Historiker *Flavius Josephus*[13] berichtet über Herodes, dass er eine persönliche

---

[13] Den Überlieferungen gemäß war „Josephus Flavius" (37-100) eigentlich ein Jude und hieß ursprünglich *Josef ben Matija Kohen*. Und da er nun Jude war und Römer wurde, schrieb er seine umfang-

Leibwache hatte, die aus tapferen *Germanen* bestand. Sie waren sogar seine Elitetruppe, bzw. Leibgarde. Die rabbinischen Juden lehnten *Hordos*, wie er bei ihnen heißt, ab. Kategorisch. Warum? Er war kein Nachkomme aus dem Hause David, sondern *Idumäer*, genau genommen sogar „nur" ein Konvertit, der durch geschicktes Paktieren mit den Römern und eine Ehe mit einer Adeligen an die Macht kam, also eine Provokation. Da Herodes auf dem jüdischen Thron darüber hinaus auch noch den ersehnten Messias verhinderte, war er denkbar unbeliebt und tat gut daran, auf sich aufzupassen. Tatsächlich waren auch eine Reihe seiner Verwandten und Vertrauten in Verschwörungen gegen ihn verwickelt, die aber rechtzeitig aufgedeckt mit der Liquidierung der Verschwörer endeten. Es ist zumindest aus dieser Sicht verständlich, dass er seine Wächter und Polizisten aus Leuten rekrutierte, die keinen Grund hatten, ihn aus nämlichen Gründen zu hintergehen. Seine römischen Kumpel Caesar, Pompejus und Augustus, die *eigene* Interessen hatten, ihren treuen Vasallen zu behalten, schenkten ihm zu diesem Zweck ein paar Stapel kräftige Germanen aus eigenen Beständen. Herodes besaß so einige hundert gut ausgebildeter Kämpfer. Und

---

reichen Geschichtsbücher in *griechischer* Sprache. Im ersten jüdisch-römischen Krieg (65-73) lief er zu den Römern über, weissagte Vespasian die römische Königsschaft voraus und wurde von ihm adoptiert.

man kann es sich denken: Sollte es den legendären Kindermord in Bethlehem wirklich gegeben haben, was zweifelhaft ist, dann hätten den Befehl dazu wohl seine germanischen Eingreiftruppen ausgeführt.

Umfragen belegen immer wieder, dass etwa drei Viertel der Deutschen meinen, dass „die Deutschen" keinen Humor hätten – mit den Befragten selbst als rühmliche Ausnahme, versteht sich. Wenigstens bei Intellektuellen gelten Fasnacht und Karneval als eine Art Beleg dafür: Man lacht nur an vorherbestimmten Tagen, am besten maskiert und alkoholisiert. Kein Vergleich zum tiefsinnigen jüdischen Humor (den wir schon vorgestellt haben), oder? Aber es gibt auch eine Art „jüdischen Karneval", das Purim-Fest, zu dem sich Kinder inzwischen genauso verkleiden wie am Rosenmontag. Erwachsene tun das eher nicht, noch nicht. Es gibt die weit verbreitete Meinung, dass fromme Juden den (historisch nicht belegbaren) Brauch hätten, sich bei der Feier des Festes so sehr zu betrinken, dass sie Haman, den Bösewicht und Mordechai, den Guten aus der Geschichte des Buches Ester verwechseln. Welchen Sinn das nun haben sollte, erfährt man nicht, wohl, weil es die frommen Juden in Deutschland auch nicht mehr gibt – aus *vielen* Gründen. Sehr wahrscheinlich hat jemand – in Bezug auf die Getränkewahl unter vergleichbaren Rahmenbedingungen – was Anderes durcheinandergebracht. Die Sprüche „gesegnet ist Mordechai" (*baruch mardechai*) und „verflucht ist Haman" (*arur hamon*) ergeben in hebräischen Buchstaben (die zugleich auch Zahlzeichen sind) geschrieben dieselbe Summe: 502. Da Kopfrechnen nun aber nicht jedermanns Sache ist und Alkohol allenfalls die Stimmung anhebt, eher seltener den IQ, greifen Bedienungen in Biergärten ja auch zum urzeitlichen Strich als gerade noch nachvollziehbare Markierung am Bierdeckel. Was man sich da an den Fingen seiner Hände nicht mehr abzählen kann, wird sich wohl kaum schlüssig durchdenken lassen. Darüber reden kann man schon.

Tacitus schrieb über „die Germanen", dass sie beim Trinken redselig werden und alle militärischen Geheimnisse preisgeben, was auch eine Art der Verwechslung von Freund und Feind wäre. Noch heute erkennt man darin eine Art deutsches Dilemma: „*Nüchtern zu schüchtern, besoffen zu offen.*" Seiner Beobachtung nach, waren sie dazu immer in der *Lage*, denn: „*Diem noctemque continuare potando nulli probrum*", d.h.: *Tag und Nacht zu saufen ist ihnen keine Schande*. Klingt so danach, als ob bei den alten Germanen *jeden Tag* Purim war. Klar, dass die Juden sich hier bald heimisch fühlten. Kein Wunder vielleicht, dass im Schwäbischen und Österreichischen die Kneipe dann auch *Baisl* oder *Boiz* heißt, übernommen vom jüdisch-daitschen *Baisel*, bzw. vom hebräischen „Bait" = Haus. Ein offensichtliches sprachliches Indiz dafür, dass Juden und Germanen regelmäßig *zusammensaßen* und zechten. Wegen der allgemein bekannten Wirkung des Alkohols ist das daraus resultierende Ausmaß an wechselseitigen Missverständnissen und Verdrehungen letztlich dann auch nicht weiter verwunderlich.

Wie viele Besäufnisse es brauchte, bis süddeutsche, genauer gesagt schwäbisch-österreichische Juden den Brauch (er)fanden, zu Purim ein Mohn-Gebäck zu backen, das man מאָן-טאַש „Mohn-Tasch" nannte, ist nicht bekannt. Fest steht nur, dass es dazu kam. Den Brauch „Haman-Taschen" (oder Ohren) zu backen wird gerne ins möglichst finstere Mittelalter verlegt. Die ältesten belegbaren Nachweise stammen aber aus der Zeit des späten 18. Jahrhunderts, also aus der josefinischen, bzw. napoleonischen Epoche. Und ja, der Eindruck, dass das süße Mohngebäck mehr mit österreichischen, böhmischen Feinbackwaren als mit feurigen Pasten aus dem Südiran zu tun hat, trügt ganz sicher nicht. Klanglich erinnerte der Mohn wohl an *ha-mohn*, wie Haman meistens gesprochen wird. Mit dem Bezug zum biblischen לאכל את המן dass *das Essen des „Man"* (deutsch: Manna, das sog. himmlische „Brot") gebietet, hat *man* schon einen Bissen im Mund. Eine der nächsten Portionen war dann mit Mohn gefüllt, von irgendwem als „Ohren" des Bösewichts *gedacht* und zur besseren Verdauung mit Puderzucker bestreut. Und so nehmen die Dinge eben ihren Lauf. Und richtig, die Distanz zum Christentum schwindet dann auch, allmählich: Nach ein paar Gläsern Wein (und der muss *koscher* sein, denn *soweit* mit dem Durcheinanderbringen kann es nun wieder nicht gehen!) verwechselt man vielleicht auch Haman mit Jesus, ... Entschuldigung, *mit Mordechai* ... natürlich! Wenn Christen aus festlichen Gründen „einen Juden" essen, dann Juden eben einen erklärten „Antisemiten", oder sein Ohr. Unerhört? Ach was. Bleibt sich eh gleich, im Vollrausch zumindest.

Die Juden mit ihrer *daitschen* Volkstümlichkeit hatten gegenüber den Römern zunächst wohl doch einen Wettbewerbsvorteil und deshalb ein engeres Verhältnis als die Kleriker, deren Küchenlatein für die stets bezechten Germanen ein Buch mit sieben Siegeln blieb. Da sie nicht lesen konnten, waren ihnen Bücher sowieso einerlei. Das ergibt sich schon aus dem eigentümlichen Wort Buchstabe: Stäbe aus Buchen(holz) nämlich, zum Wahrsagen, so jedenfalls lautet die gängige Etymologie. Worum es dabei wirklich ging, weiß niemand. Sicher wollte man auch damals schon die Zukunft voraussehen (und das wollen bekanntlich *alle & immer* und heute haben wir dafür „Experten"), wohl um zu ermitteln, ob es für die kalten Winternächte ausreichend Honigwein und Jungfrauen geben würde. *Things like that.*

Und was auch sonst? Lottoziehungen und die Bundesliga gab es ja noch nicht und so blieb man dem Schicksal ergeben. Tag und Nacht.

Als *„Schicksalstag der Deutschen"* hat sich spätestens mit dem sog. „Mauerfall" 1989, der sich tatsächlich aber Tage und Wochen hinzog, der 9. November etabliert, der zuvor mit der *„Reichskristallnacht"* verbunden wurde (auch die damit verbundenen Begebenheiten fanden überwiegend am nächsten Morgen und den folgenden Tagen statt). Noch weiter zurück geht das Datum im Jahr 1918, obwohl der damit verbundene Waffenstillstand zur Beendigung des Ersten Weltkriegs dort am 11. November unterzeichnet wurde. Zumindest die Nazi entschieden sich aber für den 9. des Monats und verlegten deshalb 1923 bewusst auf diesen Tag ihren Versuch mittels eines Putsches in München „die Macht" zu erlangen. 15 Jahre später war die Auswahl des Datums für die bereits erwähnte, inzwischen „Pogromnacht" genannten Attacken auf jüdisches Eigentum von den Nazi auch nicht zufällig. Obwohl sich keines der „schicksalhaften" Ereignisse der deutschen Geschichte (auch nicht der Mauerbau 1961) allein auf diesen Tag beziehen lässt, wird er allgemein so bezeichnet. Warum ausgerechnet der 9. Tag des elften Monats? Ideen?

Nun, das Judentum kennt eine interessante Parallele. Der elfte Monat im jüdischen Kalender ist der Aw. Der neunte Tag des Monats ist selbstredend als *tischa-be-*

aw, d.h. „9. im Aw" bekannt. In der jüdischen Tradition gedenkt man diesem Tag, der ein religiöser Fastentag ist. Man isst nichts und trinkt nichts, man verzichtet auf jede sonstige Annehmlichkeit und verhält sich wie ein Trauernder. Warum? Wegen der Zerstörung des ersten und des zweiten Tempels in Jerusalem, da beide am Tag des neunten Aw geschahen. Sagt zumindest die Tradition. Wer nun aber inzwischen ein Gespür bekommen hat, für die verzwickte Verbindung zwischen Deutschen und Juden, wird wenigstens ahnen, dass auch die jüdische Tradition nicht eindeutiger ist. Der erste, der berühmte salomonische, Tempel nämlich wurde gemäß biblischen Angaben am 7. Aw des Jahres 586 *ante* zerstört, der zweite (eigentlich dritte) Tempel des Herodes[14] gemäß der einzigen Datierung durch Flavius Josephus am 10. Aw im Jahre 70. Am 9. Aw, so berichtet der Talmud, fiel im Jahr 136 Betar, die letzte Festung des Schimon Kosiba, des letzten jüdischen Herrschers in der Antike. Da die talmudischen Rabbiner allem Anschein nach aber nicht jedes Jahr am 7., 9. und 10. des Monats Aw (in der Regel Ende Juli, Anfang August, also Hochsommer, was in Israel nochmal was anderes bedeutet als in Deutschland) fasten wollten, war es wohl praktischer, so zu tun, als wären alle drei Ereignisse *am*

---

[14] Der zweite Tempel wurde um 525 v. H. von *Serubawel* erbaut. Rund fünfhundert Jahre später begann Herodes diesen zweiten Tempel abzutragen und einen neuen zu bauen, der demnach eigentlich der dritte Tempel war.

selben Tag passiert, auch wenn das letztlich wohl keine Signifikanz hat. Nun kann man sich natürlich denken, dass Haman und Mordechai nur ganz zufällig verschiedene schicksalshafte Ereignisse auf ihren jeweiligen „Neunten-Elften" projizieren.

Während Christen in aller Welt am 25. Dezember die Geburt des Jesus feiern (Latein: c*hristi natalis*, griechisch: Χριστούγεννα, spanisch: *nadal*, französisch: *noël*, usw.), haben die Deutschen schon am Vorabend, am 24. ihr *Weihnachtsfest*, wörtlich die Nacht der Weihe. Übersetzt man dies ins Hebräisch, erhält man wörtlich ערב חנוכה, *erew chanucka*, den Abend mit dem das achttägige *Chanucka* (= Weihe) – Fest beginnt, welches an die Wiedereinweihung des Heiligtums in Jerusalem nach Vertreibung der Griechen erinnert. Namentlich stimmen das christliche Fest der Deutschen und das jüdische Fest genau überein. Da die Makabbi-Krieger nach ihrem militärischen Sieg über die Griechen die ersten geschichtlich verifizierbaren Münzen der jüdischen Geschichte prägten, lässt sich wenigstens seit dem 17. Jahrhundert der Brauch nachweisen, jüdischen Kindern zum Fest חנוכה געלט (*chanucka gelt*) zu schenken.[15] Um 1900 gab es in den USA bereits entsprechende Schokoladenmünzen, die mit goldenen und silbernen Folien eingefasst und mit jüdischen Motiven wie Menora oder

---

[15] Orach Chaim 670

David-Stern bedruckt waren. Beschäftige jüdischer Firmen bekamen zu Chanucka einen Bonus, besonders dann, wenn die Geschäfte gut gingen. Dergleichen gab es natürlich früher schon, auch bei Christen, oft handelte es sich um Sachspenden, wie Schuhe und dergleichen.[16] Logischerweise bekamen nun auch christliche Fabrikarbeiter zusätzliches Geld von ihren Arbeitgebern.

Zu Beginn des 20. Jahrhundert war der Begriff des „Weihnachtsgeldes" dann schon allgemein geläufig, auch wenn es beileibe nicht jeder Beschäftigte bekam. Die nationalsozialistische Rechtsprechung bestätigte die Zahlung von Weihnachtsgeldern auch bei arisierten Betrieben, insofern diese über längere Zeit bezahlt wurden, führten aber 1941 auch die Versteuerung dieser Zusatzzahlungen ein. Allgemein verbindlich wurden sie jedoch nicht. 1952 wurde das Weihnachtsgeld in der DDR als kapitalistisches Relikt abgeschafft, mittels welchem die Ausgebeuteten davon abgelenkt werden sollten, dass sie das ganze Jahr über ausgebeutet wurden. Weite Teile der Bevölkerung hatten eine andere Wahrnehmung und so führte die Maßnahme zu einiger Unzufriedenheit in der DDR und war einer der Auslöser

---

[16] Im Englischen ist zumindest namentlich noch als *„Boxing Day"* für den 26. Dezember erhalten. An diesem Tag bekamen christliche Bedienstete von ihren Herrschaften Kartons mit Sachen drin, nämlich Essensreste (Kuchenschachteln), dezent verpackt, später kleine Aufmerksamkeiten, Kleidung, usw.

der Unruhen im Juni 1953. Später lenkten die Kommunisten ein und zahlten in guten Jahren ihren Arbeitern eine „Jahresendprämie". Im ausbeuterischen Westen wurde das Weihnachtsgeld in den Jahren des Wirtschaftswunders allgemein üblich, blieb aber weitgehend eine freiwillige Zahlung der Arbeitgeber. Dabei handelte es sich, abhängig von der Branche oft um ein halbes oder ganzes Monatsgehalt. In den letzten Jahren und Jahrzehnten gab es in Deutschland eine Reihe arbeitsrechtlicher Auseinandersetzungen über das Weihnachtsgeld, denn viele Gerichte urteilten, dass nach drei Jahren Zahlung ein „Vertrauenstatbestand" entstünde und somit eine Zahlungspflicht. Natürlich ist dies einer der Gründe, warum Firmen größere Teile ihrer Belegschaft entlassen und sie über Zeitarbeitsfirmen zurück zu holen. Eine aktuelle Umfrage in Israel ergab, dass drei Viertel der Eltern ihren Kindern Chanucka-Gelt geben.

Nach ein paar Gläserl Wein haben wir jetzt also schon eine gewisse Ahnung davon, dass die Deutschen den Juden mit dem Mohnkuchen eine Art süßer Eucharistie untergeschoben haben und die Juden den Deutschen zum Ausgleich das Weihnachtsgeld bescherten. Doch damit noch lange nicht genug. Keine andere Kultur hat so tief in die gängige Praxis des Judentums eingegriffen, wie sonst nur Bestimmungen des Talmuds oder gar der Tora, die Gott dem Mosche am Sinai offenbarte. Warum leben Juden heute monogam, obwohl biblische Geschichten keinen Zweifel daran lassen, dass es Abraham, Jakob, David, Salomon und anderen durchaus möglich war, mehrere Ehefrauen zu haben? Auch der Talmud als Vollendung der biblischen Lehre kennt keine entsprechende Verfügung. Es war der deutsche Rabbiner Rabbi *Gerschom Jehuda* (gest. ca. 1040), der dies für alle Juden verbindlich festlegte.[17] Offenbar folgten die Juden den Vorgaben deutscher Rechtsordnungen des 13. Jahrhunderts.

Wenn sog. „Nicht-Juden" aufgefordert werden, selbst ein Gebot des Judentums zu praktizieren, dann am ehesten, wenn sie eine Synagoge, einen jüdischen Friedhof oder gar nur ein Museum betreten und dort nicht selten lesen können: *„Die Herren werden gebeten eine Kopfbedeckung zu tragen"*. Und warum? Aus Respekt? Weil es das wichtigste Gebot des Judentums ist, fromm aussieht und leicht zu befolgen ist? Das kann in der Regel kaum jemand erklären. Fest steht: Es handelt sich weder um biblisches noch um ein talmudisches Gebot. Auch die mittelalterlichen Darstellungen, die Juden mit eigenartigen spitzen Hüten, oft gelben „Judenhüten" typisieren, haben damit nichts zu tun, da diese zunächst den Repräsentanten der Gemeinden vorbehalten waren und

---

[17] Wenigstens behauptet dies 250 Jahre später Rabbi Meir ben Baruch (gest. 1293), was nun aber zumindest an der heutigen, seit dem Mittelalter geübten Praxis auch nichts ändert.

somit am ehesten der kennzeichnenden Tracht eines Bischofs bei den Christen entsprach. Erst spätere christliche Darstellungen nutzten den Judenhut neben dem gelben Ring am Mantel als graphisches Element, um Juden in Bildern oder Skulpturen als solche zu kennzeichnen. Im Nebeneffekt sorgten sie damit freilich auch für das Missverständnis einer für alle Juden geltenden Verordnung. Die aber wäre so sinnvoll gewesen, als hätte man allen Christen aufgetragen, Bischofshüte zu tragen. Eine einfache Mütze wie die Kippa – die auch katholische Geistliche, bis hin zum Papst tragen – hätte dazu nicht gereicht. Wie auch immer findet sich der früheste Beleg dafür, dass es zum öffentlichen jüdischen Gebet – wozu zehn Erwachsene erforderlich sind – wenigstens den Brauch gibt, eine Kopfbedeckung zu tragen, aus dem späteren 17. Jahrhundert und natürlich aus Süddeutschland. Die Begründung dafür ist im heutigen Kontext durchaus interessant. Wie bereits erwähnt, trugen im Mittelalter jüdische wie christliche Würdenträger Kopfbedeckungen und nicht nur sie, auch Patrizier taten dies. Und Könige sowieso, allerwenigstens um größer zu wirken. Man schloss nun daraus, dass kopfbedeckte Männer in der Öffentlichkeit mehr Achtung fänden und *daraus* entstand der entsprechende Brauch. Wer als Jude nun mit Kopfbedeckung herumlief wurde eher als „Herr" geachtet. Oder etwas praktischer auf den Punkt gebracht: Es hatte sich herausgestellt, dass Juden mit entsprechender Kopfbedeckung seltener von Christen angegriffen wurden. Kleider machen Leute. Im Laufe des 18. Jahrhunderts wurde daraus schnell eine allgemeine Mode und zumindest unter Christen sogleich auch wieder üblich vor höher eingestuften Personen den Hut zu ziehen. Anders als in der Synagoge ist es in der Kirche üblich, keine Kopfbedeckung zu tragen, da dies oft als Privileg der Priester verstanden wird. Davon ausgenommen sind Frauen, die Kopftücher tragen dürfen, wohl, weil sie keine Konkurrenz für den Priester darstellen. Was will nun aber eigentlich ein *männlicher Christ* ausdrücken, wenn er in einem „jüdischen Kontext", eine Kopfbedeckung trägt? Nimmt er die Position eines Bischofs ein? Oder teilt er die inzwischen meist unbegründete Angst, von Judenhassern angegriffen zu werden, um sogleich den Nervenkitzel zu erhöhen?

Unbegründet wäre dies, weil die heutigen Verhältnisse in Deutschland ganz offenbar entgegengesetzte sind. In Berlin raten jüdische Gemeinden ihren Kindern nämlich davon ab, mit einer *sichtbaren* Kippa auf die Straße zu gehen, da es inzwischen zu zahlreichen verbalen und auch tätlichen Angriffen auf „Kippa-Träger" gekommen ist, übrigens recht ausnahmslos durch muslimische Jugendliche (deren fromme Vorbilder vergleichbare Kopfbedeckungen tragen), die mit solchen Taten ihre „Identität" aufwerten wollen. Wie dem auch immer sei, es besteht kein Gebot für „Nichtjuden" eine Kopfbedeckung zu tragen. Allerdings kann es zur Schärfung des eigenen Bewusstseins durchaus beitragen, mal versuchsweise mit einer Kippe einen Tag in einer deutschen Stadt herumzulaufen. Das wäre das Gebot der Neugier. Ja, was werden denn da die Leute sagen?! Probieren Sie es aus!!!

Da dies aber auch eine Frage der persönlichen *Reife* ist, fragen wir uns zuletzt, aus welchem Grund Juden eigentlich eine Bar Mitzwa feiern? Wie man mittlerweile überall nachlesen kann, werden jüdische Jungen im Alter von 13 Jahren und jüdische Mädchen bereits im Alter von 12 Jahren in „die Gemeinschaft der Erwachsenen" aufgenommen. Christliche Interpreten und ihre reformjüdischen Kollegen, deuten gerne die Szene des *12-jährigen* Jesus im Jerusalemer „Tempel" in diese Richtung, der jedoch ein *Junge* gewesen sein soll.

Ahnen Sie worum es geht? Richtig. Es hat ebenfalls nichts mit der Tora zu tun. In der Bibel, der Tora wird weder eine verpflichtende Kopfbedeckung für Betende erwähnt (nur Moses, als einzelner Angesprochener soll seine *Schuhe ausziehen*, ein Brauch der sich heute noch im Islam findet), noch das Alter von 13. Stattdessen ist in der Bibel das Alter von 20 Jahren relevant, da man mit diesem *steuerpflichtig* und zum *Militärdienst* eingezogen wurde. Kriterien die durchaus mit modernen des Erwachsenseins einhergehen. Zum Alter von 13 aber schweigt auch der Talmud.[18] Woher nun aber stammt die Ansicht, dass ein Junge mit 13 Jahren ein „Bar Mitzwa", ein „Sohn des Gesetzes" sei, wenn weder aus Tora noch Talmud? Auch hier ist die Quelle offenbar

---

[18] Zwar gibt es am Ende des Traktates „Sprüche der Väter" eine kurze Erwähnung, in welcher es heißt „mit dreizehn zu den Geboten", jedoch handelt es sich dabei lediglich um die Ansicht der einzelnen Person Jehuda Tema, von dem sonst weiter nicht viel bekannt ist. Zudem handelt es sich bei dieser Passage um eine recht viel spätere Einfügung, die in alten Fassungen der „Sprüche" nicht vorhanden ist. Die Ergänzung findet sich auch nicht in der berühmten „Pferseer Handschrift", der ältesten, fast vollständig erhaltenen Handschrift des Talmuds. Obwohl es häufig entsprechend interpretiert wird, hat es aber auch inhaltlich nichts damit zu tun. Wie sich aus dem Kontext eindeutig ergibt, handelt es sich um eine sprichwörtliche Auflistung, die mit dem Lernstoff von Kindern und Heranwachsenden beginnt: „*Mit fünf zur Lesung* (d.h. lesen lernen, *aus der Tora* lesen lernen, um genau zu sein), *mit zehn zur Mischna* (Basistexte des Talmuds*), mit dreizehn zu den Geboten* (und damit ist die Einführung in die Gesetze der *Halacha* gemeint), *mit fünfzehn zum Talmud.*" Dass es sich hierbei um keine verbindlichen Regeln handelt dürfte klar sein, spätestens mit der Fortsetzung der Reihe: „*Mit achtzehn zur Chupa* (d.h. zur Heirat), *mit zwanzig zum Streben* (wird in den Kommentaren interpretiert als Broterwerb für Frau und Kinder), *mit dreißig zur Kraft* (interpretiert als Militärdienst), *mit vierzig zur Einsicht* (nach Ansicht mancher sollte man sich frühestens in diesem Alter mit mystischen Schriften befassen), *mit fünfzig zum Rat* (im Sinne eines Gemeindeamtes), *mit sechzig zum Alter, mit siebzig zum hohen Alter, mit achtzig zum sehr hohen Alter, mit neunzig zum Gebeugt-Gehen* (wenn überhaupt) *und mit hundert wie gestorben und aus der Weltverschwunden* (wenn dies nicht bereits vorher passiert ist). Aus der Bemerkung zum Alter 13 könnte man allenfalls schlussfolgern, dass zurzeit von Jehuda Tema üblich war oder dass er empfiehlt, in diesem Alter mit dem Studium der Halacha *zu beginnen*. Niemand wird auf die Idee kommen, aus derselben Quelle eine Heiratspflicht mit 18 abzuleiten.

das mittelalterliche Stadtrecht süddeutscher Städte, nach welchem, wie beispielsweise in Augsburg, Jungen im Alter von 13 Jahren *erwachsen im Sinne von geschäftsfähig und steuer*pflichtig wurden. Zwar mag es eigenartig erscheinen, wenn man darüber nachdenkt, dass sich Namen in mittelalterlichen Steuerlisten auch auf 13- oder 16-jährige Jungen beziehen können, aber so war das. Im Alter von 13 Jahren konnte der Junge, ob Jude oder Christ auch Vormund für seine Mutter werden. Die benötigte einen solchen nämlich, wenn ihr Ehemann verstorben war. Hatte sie keinen Sohn über dreizehn, war der nächste männliche Verwandte, vielleicht ein Onkel oder Bruder rechtlich für sie verantwortlich. Gerade bei Juden treten schon im Mittelalter recht viele Frauen als Steuerzahler auf, jedoch sind sie meist unter dem Namen ihres verstorbenen Gatten und mit dem Zusatz „relicti" (Erben) gelistet. In Augsburg zum Beispiel „*Isackin relicti und Mausi ir sun*". Das wäre die Frau des Isaak mit ihrem Sohn Moses als Erben des Isaak. Zwar weiß nun jeder, dass letztlich wohl „das Weib" als Erwachsene den Betrieb geführt haben wird, doch benötigte sie für jedes Rechtsgeschäft die Anwesenheit und Zustimmung ihres Sohnes. Frauen als eigenständig rechtsfähige Personen waren in der mittelalterlichen Gesellschaftsordnung nicht vorgesehen.

Man könnte dies sicher detaillierter ausbreiten, aber tatsächlich basiert die Festsetzung der „Großjährigkeit" auf dem mittelalterlichen deutschen Stadtrecht. Deren Ursprung findet sich im alten römischen Recht, das jedoch unterschiedliche Auffassung kannte. Ein Knabe war erwachsen, wenn er die „*toga praetexta*" ablegte und die „*toga virilis*" trug, sozusagen als äußeres Merkmal des Erwachsenenseins. Damit verbunden war eine *Zeremonie*, in welchem der Jüngling – meist im Alter von 15 bis 18 Jahren – die eine Toga auszog und gegen die andere tauschte. Es gab aber auch die Vorstellung von den „minores" unter welchen man Leute unter 25 Jahren verstand. In der Tora ist dieses Alter relevant für die Söhne aus dem Hause Levi, die mit 25 ihren Dienst im Heiligtum antreten dürfen. steuer- und militärdienstpflichtig wurde man, wie bereits erwähnt, mit 20.

Die ältesten Hinweise für eine *Bar Mitzwa* für Jungen im Alter von 13 Jahren, verbunden mit einer öffentlichen Lesung der *Haftara* in der Synagoge gehen auf die Zeit des 30jährigen Krieges zurück und finden sich einmal mehr im ehemaligen Österreich, d.h. im heutigen Schwaben und Böhmen. Trotzdem dauerte es noch einige Jahrzehnte, bis sich die Anzeichen dafür mehrten, dass es sich um einen allgemeinen, wenigstens mehrheitlich anzutreffenden Brauch handelt. Gang und gäbe wird „die" Bar Mitzwa dann auch erst um 1850.

Es ist natürlich klar, dass die Annahme, dass Mädchen mit 12 Jahren die entsprechende Reife erlangen können, eine noch modernere Auffassung ist. Sehr modern sogar. Zwar sind einzelne Fälle im traditionellen Judentum überliefert, in welchem Väter ihren Töchtern eine Art Zeremonie zugestanden, doch war dies eher von privater Natur. Feiern, die im vollen Umfang jener der Bar Mitzwa entsprechen sind kaum hundert Jahre alt. Bekannt ist der Fall der Judith der Tochter des Mordechai Kaplan im März 1922. Aber es sollte trotzdem noch bis in die 1960er Jahre dauern, bis die meisten Reformgemeinden eine individuelle Bat Mitzwa praktizierten. Deren heutige Feiern, insbesondere in den USA kommen vom finanziellen und organisatorischen Aufwand mexikanischen oder türkischen Hochzeitsfeiern ziemlich nahe, aber das ist auch wieder nur beinahe eine Verwechslung oder eben völlig meschugge.

Keine Nomaden: Warum Juden Steinchen auf ihre Grabmale legen

Bei einigen Dutzend Friedhofsführungen vor allem im Gebiet von Bayerisch-Schwaben wurde ich immer wieder nach der Bedeutung und Herkunft der überall anzutreffenden Sitte gefragt, auf jüdischen Grabsteinen und Denkmälern Steinchen, meist Kieselsteine abzulegen. Von sog. Fachleuten wird dies stereotyp mit einer für „Nomaden"- oder „Wüstenvölker" angeblich typischen Bestattungspraxis erklärt. Demnach legt man auf die Grabstätte Steinhaufen (keine Kieselsteine), um den Leichnam vor wilden oder aasfressenden Tieren zu schützen. Der Vorstellung nach hatten Angehörige bei jedem Besuch ab und an weitere Steine dazugelegt, um den Schutz zu erneuern, woraus sich sodann der entsprechende Brauch entwickelt habe.

Sollte es ein solches Brauchtum aber tatsächlich jemals gegeben haben, so hatten die (... wann eigentlich?) „nomadisierenden" Juden ihn wohl bereits vergessen, als sie in Israel sesshaft wurden, zumindest erwähnen weder Bibel noch der Talmud eine entsprechende Praxis. Sie wäre auch gänzlich unnötig, wenn man den Leichnam tief genug begräbt ...

Tatsächlich geht die Praxis auf eine im antiken Israel übliche Bestattung zurück, die jedoch in vielen Einzelteilen von der heutigen abweicht. In aller Regel wurden Tote selten auf Äckern oder eigenen Grabfeldern bestattet, sondern in Grabhöhlen, die meist einzelnen (Groß-

)Familien gehörten und oft -etwa wie im antiken Ägypten- eigens für den Zweck der Bestattung *künstlich geschaffen* wurden und nicht selten über einen Zugang mehr oder minder tief unter die Erde, bzw. in den Felsen reichten.

Die Bestattung vollzog sich anders als heute in *zwei* Schritten. Zuerst wurde der Leichnam auf einer Art Steinbett zur raschen Verwesung aufgebahrt, später wurden die Knochenreste eingesammelt und gesäubert, um sie nun endgültig in einem kleinen, platzsparenden, meist in etwa quadratischen Steinbehälter, lat. *Ossarium* („Knochenhaus") zu legen, welches sodann in einer Nische כוך (kùch) in einer Seitenwand der Familiengruft beigesetzt wurde. Sehr häufig wurden diese Behälter beschriftet mit dem Namen des Verstorbenen.

Die Grabhöhle oder der Teilbereich einer Grabhöhle, etwa der, der einer einzelnen Familie gehörte, wurde mit einem beweglichen, גולל (golèl) genannten Stein verschlossen, der seinem Namen nach meist rundlich war, aber auch in quadratischer Form belegt ist.

Zur Festigung oder Sicherung dieses Golel-Steines nun benutzte man kleine Steine, den sogenannten דופק (dofèk), der nach jedem Besuch der Grabhöhle neu gelegt wurde, wörtlich etwa „der (An)Klopfer" (vom Verb דפק dafak = (klopfen) und im heutigen Sprachgebrauch der (medizinische) *Puls*. Schon bei der Bestattung heißt es deshalb entsprechend דופק סתימת הגולל – *der Dofèk verschließt den Golèl* (Ket. 4b, Sanh. 47b, u.a.).

Als Dofèk nun durfte man nichts verwenden, was selbst gelebt hat, also nichts was von einem Tier oder einer Pflanze stammte, weshalb der Einfachheit halber der Brauch entstand, keilförmige oder andere kleine Steinchen als „Abschluss" zu nehmen. Im sprichwörtlichen Sinne führte dies auch zu Redensarten wie לא דופק לסוכה ולא גולל לקבר ... – (wörtlich: *kein dofek für die Sucka* [da zu groß] *und kein golel fürs Grab* [da zu klein]), sinngemäß etwa: weder das eine, noch das andere (nichts Halbes und nichts Ganzes, weder Fisch, noch Fleisch, etc.).

Der Brauch, einen Stein ans Grab zu legen stammt demnach aus der antiken Bestattungskultur der nahöstlichen Grabhöhlen, für deren Existenz uns schon die Tora das Beispiel der *Machpela*–Höhle bei Hebron gibt, die Abraham für seine Familie erwirbt. Sie ist keineswegs auf das Judentum beschränkt, so wie sich der Brauch kleine Steine auf das Grab zu legen auch in manchen katholischen Gebieten Italiens erhalten hat.

Auch das Christentum überliefert z.B. im Evangelium *Markus 16* den Golel.

Es ist zunächst die praktische *Funktion* des Dofèk, der als eine Art *Riegel* oder Sperre das unbeabsichtigte Wegrollen oder Verrutschen des meist runden Golèl verhindern soll, zugleich ist es aber im Wortsinn auch ein „*Anklopfen*" (des Steinchens an den Grabstein) und deshalb auch ohne die frühere praktische Funktion als „Gruß" an den Toten zu verstehen.

So ein Pech: kein Jesus im Talmud

Ab und an stellen Christen, die sich darum bemühen, das Judentum zu verstehen, die Frage, warum der Talmud sich abfällig über Jesus äußere und wie Juden heute dazu stünden. Die kürzeste Antwort darauf, im Stile Hillel – der gefragt wurde, etwas nur so lang zu erklären, wie er auf einem Bein stehen konnte: *„Die Autoren des Talmuds kannten den Jesus der Evangelien nicht. Sie erwähnen und kommentieren ihn gar nicht und es gibt auch keine Notwendigkeit dafür."*

Einfachen Gemütern würde diese Antwort genügen, völlig zu Recht übrigens. Allerdings gibt es zahlreiche antijüdische Autoren, die dem Talmud alles Mögliche andichten und unterstellen und auch vor fiktiven „Zitaten" nicht Halt machen. Seit Jahrhunderten schon ist dies ein immer widerkehrendes Unterfangen einer eher kleinen, aber nicht ganz erfolglosen Reihe meist anonymer, bzw. unter Pseudonymen wirkenden Autoren, die unter dem Vorwand, Geheimnisvolles, Skandalöses zu enthüllen, gegen die Juden aufstacheln wollen. Hass eben.

Die seriöseren dieser Autoren verzichten zwar auf vorgetäuschte oder verfälschte Belegstellen, zitieren aber Passagen des Talmuds in welchen Aussagen über irgendwen getroffen werden und behaupten, dass damit

Jesus gemeint sei, obwohl dieser im Text tatsächlich nirgends erwähnt ist. Folglich basieren diese Expertisen bloß auf der blühenden Phantasie der Autoren, unter denen sich nicht nur bekennende Antisemiten, sondern auch zeitgenössische, christliche Theologen von Rang befinden können. Ein vom Talmud geschmähter Jesus ist für Antisemiten ein durchaus brauchbares Instrument, wie man sich denken kann, könnte. Sich damit auseinanderzusetzen ist mühsam, da die meisten Menschen im Prinzip keine Ahnung haben, was der Talmud ist und keine Sprachkenntnis haben, um ihn zu lesen.

Gemäß allgemeiner Auffassung lebte *Jesus von Nazareth* im ersten Drittel des ersten Jahrhunderts christlicher Zeitrechnung. Damit war Jesus ein Zeitgenosse der frühen Mischna-Periode, die um das Jahr 220 endete. Nicht ein einziger der sehr zahlreichen Gelehrten dieser Periode, erwähnt jenen *Jesus von Nazareth*, obwohl abertausende Ideen und Interpretationen der Tora, einzelne Gebote und Bestimmungen, Sitten, abweichende Anschauungen und Praktiken, ebenso wie Vorstellungen, Glaubensansichten und Gebräuche auch fremder Völker Gegenstand beinahe endloser Debatten sind. Obwohl sogar eine größere Zahl längst vergessener Rivalen des rabbinischen Judentums in vielen Details beschrieben wurden, meistens ganz nüchtern, um ihre Standpunkte getreulich einzuschätzen und sachlich zu widerlegen, ist Jesus <u>nicht</u> erwähnt, so sehr das Christen auch verwundern mag. Nicht ein einziges Mal.

Die Erklärung dafür ist einfach. Die *Mischna* und umso mehr die *Gemara* als kommentierende Vollendung der Mischna vom dritten bis achten Jahrhundert stammen im Wesentlichen aus Babylon, dem heutigen Irak, weshalb man auch vom „Babylonischen Talmud" spricht. Das Christentum spielte dort, bis zum Aufkommen des Islam in dieser Zeit keine Rolle und konnte entsprechend auch kein Gegenstand von Kontroversen für die babylonischen Juden sein. Dies hat sich grundlegend verändert, als im achten und neunten Jahrhundert talmudische Gelehrte aus dem Orient in Süd- und West- und Mitteleuropa anlangten, zu einer Zeit als der Talmud bereits abgeschlossen war. Ab jetzt ist es relativ einfach alle Arten von Disputen zwischen Juden und Christen über Jesus und unterschiedliche Auslegungen der Bibel anzutreffen, mit zig Referenzen auf beiden Seiten. Einige dieser Auseinandersetzungen sind sehr berühmt geworden, manche endeten mit Verbrennungen jüdischer Schriften durch Christen, wie etwa im Jahr 1240 in Paris, weil damals schon argwöhnische Kleriker meinten, diese oder jene Passage des Talmuds würde sich „insgeheim" auf Jesus beziehen und ihn beleidigen.

Eine formelle Voraussetzung dafür wäre aber zunächst einmal die Frage, *wie* sich der Talmud eigentlich auf Jesus beziehen sollte oder überhaupt könnte. Seit kaum zwei Jahrhunderten erst sprechen humanistische Gelehrte und nach ihrem Vorbild auch Sprecher des Reformjudentums im Ausgang des 19. Jahrhunderts von Jesus als „Jeschu" oder „Jeschua", um den griechischen (!) Namen Jesus in einen hebräisch lautenden *zurück* zu verwandeln. Das mag dem einem oder anderem zwar gefallen, ist aber ein Anachronismus, eine Fiktion. Es gibt *keinen* Beleg dafür, dass Jesus sich selbst Jeschu, Jeschua oder Joschua nannte, aber wir wissen natürlich, dass der in den griechisch-sprachigen Evangelien genannte Name Jesus *tatsächlich existierte,* mehr noch, dass Jesus ein *sehr geläufiger Name* unter griechisch-sprachigen Juden im gesamten Mittelmeerraum war. Schon zu Beginn des ersten Jahrhunderts christlicher Zeitrechnung lebte die Mehrzahl der Juden außerhalb des biblischen Landes Israel und ihre Sprache war mehrheitlich nicht mehr Hebräisch oder Aramäisch, sondern eben Griechisch. Schon lange vor Jesus wurden deshalb die Bücher der hebräischen Bibel in die griechische Hochsprache *Koine* übersetzt, was heute unter dem lateinischen Namen „Septuaginta" (für die Zahl 70) bezeichnet wird. Das erste Buch der Bibel, das auf die fünf Bücher Moses folgt ist das des Jehoschua (Joschua) und wurde in dieser griechischen Fassung „Jesus" genannt. Da Griechen u. a. keinen *sch*-Laut haben, wurden für die leichtere Aussprache eine Reihe von Eigennamen „vereinfacht". Weitere prominente Beispiele dafür wären „Schimon" und „Jeruschalajim" die gräzisiert zu „Simon" und „Hierosalyma" wurden. Jedes Mal, wenn die jüdische Bibel Joschua, den Mitstreiter und Nachfolger des Moses (hebräisch: Mosche) erwähnt, steht dafür im griechischen Text der Septuaginta Ιησους (Jesús). Da griechisch-sprachige Juden nun aber eben die genannten Probleme in der Aussprache hatten, war unter Griechen „Jesus" so populär wie „Joschua" unter Hebräern. Das lässt sich gut vergleichen mit dem noch immer populären englischen Namen „James", der im englischen Sprachraum den biblischen Namen Jakob ersetzt, während alternativ dazu auch die traditionellere, weit seltenere Variante „Jacob" existiert, die auf dem hebräischen „Ja'akow" beruht. Für Jesus und gegen Joschua, etc. spricht auch der Umstand, dass die Evangelien Judäa als Pilger- oder Reiseziel schildern und nicht als Wohnraum des Jesus, den man in Galiläa ansiedelt, wo überwiegend griechisch gesprochen wurde.

Aus den Schriften des jüdisch-römischen Historikers *Josephus Flavius* (erstes Jahrhundert), der auch *zehntausende* Kreuzigungen erwähnt, wissen wir von zahlreichen Männern mit dem Namen Jesus, auch gibt es viele Inschriften als Beleg dafür, dass der griechische Name Jesus unter den Juden der damaligen Zeit gängig war. Daraus folgt, dass es keinen schlüssigen Grund dafür gibt, anzunehmen, dass der Jesus der christlichen Evangelien anders als wie dort genannt Jesus geheißen haben sollte. Nachdem er für seine Anhänger die alles überragende zentrale Gestalt ihres Glaubens war, ist es sehr unwahrscheinlich, dass sie seinen ursprünglichen Namen änderten, ob dieser nun Joschua oder Jesus lautete. Folglich gibt es auch keinen ernsthaften Zweifel daran, dass sein Name auch tatsächlich Jesus und nicht Jeschu oder Jeschua lautete. Das bedeutet natürlich zugleich auch, dass seine Eltern ihn nicht den hebräischen, sondern eben den griechischen Namen gaben. Da anderseits nun aber seine Mutter den Evangelien gemäß *Maria* hieß, ist das nicht weiter verwunderlich. Obwohl *Maria* von zahlreichen Interpreten aus dem Hebräischen abgeleitet wird und für *Mirjam* stehen soll, ist der Name natürlich römisch und die weibliche Form von „*Marius*". Im antiken Rom kannte man nur eine Handvoll sog. *prenomia* (Vornamen), wovon *immer* auch die weiblichen Formen hergeleitet sind, da es für Frauen *keine* Eigennamen gab. Die Tochter eines Julius hieß demnach Julia, eine zweite Tochter *Julia secunda* (die zweite), um sie von der ersten zu unterscheiden. Zu jeder männlichen Namensform gab es entsprechend eine weibliche Variante zur Bezeichnung der Töchter. Die Töchter eines Lucius hießen Lucia, die des Gaius hießen Gaia, die des Claudius ... richtig Claudia. Maria ist demgemäß nur die weibliche Form von Marius. Der

Name bezieht sich auf den römischen Gott Mars und wurde öfter Jungen gegeben, die im Monat März, der dem Mars geweiht war, geboren wurde. Ein wohl bekanntes Beispiel dafür ist der Historiker *Marius Maximus* (165-230), der recht bekannt war als Biograph von einem Dutzend römischer Herrscher, dessen Töchter natürlich Maria 1-3 (*prima, secunda, tertia*) hießen. Es gibt keinen plausiblen Grund anzunehmen, dass der sonst übliche Brauch Töchter nach ihren Vätern zu benennen, lediglich bei Marius nicht angewendet worden sein soll und dass der Name Maria sich stattdessen ausschließlich aus dem Hebräischen Mirjam ableiten kann, der griechisch „mir/jam" auch nur ein wenig ähnlich aussieht wie Maria, aber nicht zu sehr. Der römische Name war in der damaligen Welt zweifelsfrei bei weitem populärer, andere römische Namen wie Julia, Claudia oder Lucia sind es bis heute geblieben. Nebenbei bemerkt ist es auch völlig okay und nichts Besonderes, dass einige Juden damals „heidnische" Namen hatten. Das war weder ein Vorteil noch ein Nachteil. Die dominierende Sprache in Galiläa des ersten christlichen Jahrhunderts, war Griechisch und nicht Hebräisch. Nach dem aber, was oft übersehen wird, auch der Talmud hunderte Lehnworte aus dem Griechischen und Lateinischen übernommen hat, spiegelt das lediglich den Einfluss wieder, den ansonsten niemand leugnen wollte oder könnte.

Wie dem auch sei, der Talmud erwähnt Jesus nicht. Für christliche Theologen ist das bis heute eine riesige Enttäuschung. Über Jahrhunderte hinweg versuchten viele von ihnen, verschiedene Stellen des Talmuds, die ihnen verdächtig vorkamen, weil sie sich mit Rivalen diverser Rabbiner befassten, auf den Jesus der Evangelien umzumünzen. Manche Schreiber versuchen auch die christlichen Evangelien auf der Basis talmudischer Schriften zu deuten, insbesondere die Verurteilung des Jesus. Bis zu einem gewissen Grad mag das zwar interessant sein, doch schlussendlich handelt es sich dabei um bloße *science fiction*.

Zur Begründung für die Nichterwähnung des Jesus im Talmud, werden zweierlei Arten der Zensur vermutet. Die eine soll den Juden auferlegt durch christliche Herrscher auferlegt worden sein, die andere sei freiwillig von den Rabbinern praktiziert, um Juden vor Repressalien und Verfolgung zu bewahren. Da es dafür freilich keine Belege gibt, etwa ein noch unverfälschtes „Original", benötigt man hierfür jedoch die Denkmuster die man sonst von Verschwörungstheorien kennt und Ergebnisse einer jeden Untersuchung nicht abwarten, sondern schlicht voraussetzen, andere Möglichkeiten aber kategorisch ausschließen *muss*. Beispielsweise kann der Talmud, so er „insgeheim" auf Jesus anspielen sollte, dies notgedrungen ausschließlich in *abwertender* Weise tun. Darin spiegelt sich bereits die einschlägige Erwartungshaltung, die freilich *mehr über die christlichen* Denker als über den Talmud sagt. Da die Autoren des Talmuds ansonsten aber keine Probleme damit haben verschiedenste Errungenschaften von Griechen, Römern und anderen Völkern, anzuerkennen und zu bewundern, und dies geschieht relativ häufig wie man sich denken kann, ist das voreingenommen und unbegründet. Obwohl weder Jesus noch das sich auf ihn beziehende Christentum im Talmud erwähnt werden, setzen christliche Denker voraus, dass der Talmud Jesus und seine Religion beleidigen.

Die Ausführung diesbezüglich ist übrigens nicht als Apologie gedacht, die darauf abzielt, Anspielungen auf Jesus und seine Lehre zu bestreiten. Wenn es welche geben würde, wäre das schlicht und einfach so und man wüsste heute damit umzugehen in der einen oder anderen Weise. Wir wissen auch, dass es in der Tora das Gebot gibt, Übeltäter für das eine oder andere Vergehen zu steinigen und der Talmud nennt diesbezüglich die Bestimmungen, unter welchen Umständen eine solches Urteil vollzogen werden konnte. Die Bedingungen wurden so verkompliziert, dass es faktisch nicht mehr zu Verurteilungen durch den Sanhedrin kam. Stattdessen gibt es den Ausspruch im Talmud, der besagt: ein Gericht, das einmal in siebzig Jahren ein Todesurteil vollstreckt, ist ein blutiges.

Wir wären durchaus erfreut darüber, wenn es im Talmud irgendwelche Aussagen zu Jesus *tatsächlich* gäbe, immerhin überliefern die Evangelien auch manches an „Zeitkolorit" aus der Zeit des Herodianischen Tempels, was Rückschlüsse auf das Judentum jener Epoche erlaubt. Da das Christentum jedoch die vollständige Befolgung der 613 biblischen Gebote zurückweist, was alles andere als eine Bagatelle ist, definiert sich das Christentum schon alleine dadurch als eigenständige Religion, außerhalb des jüdischen Rahmens. Und entsprechend eignet sich dies auch nicht als Grundlage für Debatten. Dass mittelalterliche Christen das anders sahen und in ihrer Perspektive das Christentum an die „Stelle" des Judentums getreten sein sollte und das Judentum ein Anachronismus war, ist eine völlig einseitige Sichtweise, für die es kein Gegenstück gibt. Kein auch nur halbwegs gesunder Jude käme auf die Idee, einem Christen vorzuwerfen, Schweinefleisch zu essen und damit gegen das Gebot der Tora zu verstoßen.

Das Christentum seinerseits benötigt aber eine klare Abgrenzung vom Judentum ebenso wie die Berufung auf dessen Abstammung und Nähe. Das Judentum hat umgekehrt keine innere Notwendigkeit sich mit christlichen Anschauungen zu befassen oder zu messen, die bloß als Bestimmungen einer fremden außenstehenden Religion betrachtet werden. In unserer Zeit haben Juden und Christen in der Regel kein grundlegendes Problem damit Buddhisten, Hindus oder Muslims zu begegnen (was umgekehrt in Bezug auf radikale Muslimen allen anderen gegenüber bekanntlich etwas anders aussieht). Auch im Dialog mit Bahais, Zen, Shinto, Jaina und anderen Gruppen ist es nicht schwer, Gemeinsamkeiten zu finden, von denen es immer viel mehr gibt, als viele meinen. Es gibt keinen rationalen Grund auf rein akademischer Ebene dadurch zu suchen, wer wo angeblich falsch liegt, ihm finstere Motive zu unterstellen und dergleichen mehr. Es reicht aus, die eigenen Traditionen zu kennen und die anderer zu respektieren.

Andererseits *könnte* es tatsächlich Zitate von Jesus im Talmud geben, vorausgesetzt, er hieß wirklich Joschua, Josse, Joschi oder ähnlich, denn von diesen Namen sind in Mischna und Gemara viele anzutreffen. Aber wem würde das auffallen? Es gibt sogar auch eine Person die man *Joschua ha-Galili*, also *Jesus den Galiläer* nennt und der in das erste Jahrhundert des christlichen Kalenders datiert, und (wenn nicht mit ihm identisch) wenigstens ein Zeitgenosse des christlichen Jesus von Nazareth war. Von den meisten der vielen Joschuas wissen wir wenig mehr als einzelne Weisheitssprüche und Kommentare. Da man aber die heftigsten Kontroversen befürchten müsste, bringt sie niemand mit dem Heiland der Christenheit in Verbindung, obwohl es hier wenigstens namentliche und zeitliche Gemeinsamkeiten gäbe.

Die *Jesus-im-Talmud* Fiktion beruht letztlich auf zwei Motiven. Das erste, wie bereits ausgeführt, basiert auf dem unbedingten Verlangen, weitere Referenzen und Zeugen für die Erzählungen der Evangelien zu haben, am besten noch aus der Perspektive vermutlicher Gegner. Für Christen ist Jesus die zentrale Figur ihres Glaubens und zugleich auch Gipfelpunkt aller früheren Schriften der hebräischen (jüdischen) Bibel. Zu verstehen, dass jüdische Schriften ihn überhaupt nicht erwähnen, bedeutet natürlich einen erheblichen Rückschlag im Kontext der Debatte über die durchaus von manchen angezweifelte Historizität des Jesus von Nazareth, die seit rund zwei Jahrhunderten von einer Reihe von Autoren bestritten wird. Für das Judentum selbst ist dies freilich nicht relevant.

Das "Neue Testament" (ein lateinischer Begriff aus späterer Zeit) das Christen als Vollendung und Abschluss der (jüdischen) Bibel ansehen, bezieht sich jedoch grundlegend auf die griechische, nicht auf die hebräische Bibel. Unter den Jesus-Berichten, den Evangelien, von denen es weit mehr als nur vier und zahlreiche Fragmente gibt, existiert kein einziges in Hebräisch. *Alle* sind Griechisch. Eine oft übersehene und unterschätzte Tatsache, die aber unzweideutig unterstreicht, dass es niemals die Absicht gab, sich auf die hebräische Tradition des Judentums zu beziehen. Die hebräisch-sprachigen Juden waren offensichtlich nicht die Zielgruppe. Selbst der „Brief an die Hebräer" des

Paulus wurde auf Griechisch (Πρὸς Ἑβραίους) verfasst, so wie alle christlichen Schriften, sich ohne Zweifel auf die griechische Septuaginta beziehen und nicht auf die hebräische Bibel (wo es einige Abweichungen gibt). Das christliche „Testament" bezieht sich ausschließlich auf die wesentlich jüngere Tradition der griechisch-sprachigen Juden (auf der Basis der Septuaginta und anderer Versuche Teile des hebräischen Schrifttums zu übersetzen), die zur Zeit des Jesus bereits die Mehrzahl der Juden umfassten.

Das griechische Juden nun auch griechische und an die griechische Sprache angepasste Namen benutzten ist völlig normal. Die frühesten Zeugnisse über Juden in Griechenland gibt es schon rund dreihundert Jahre vor Jesus. Aus dem zweiten Jahrhundert vor ihm ist ein *Hyrkanos* als Oberhaupt der jüdischen Gemeinde von Athen bekannt. Der griechische Historiker *Klearchos* (Κλέαρχος, 4. bis 3. Jahrhundert), der annahm, die Juden stammten aus Indien, erwähnt einen Juden, der mit Aristoteles befreundet war und von dem der berühmte Philosoph gesagt haben soll, dass er (der Jude) nicht nur griechisch sprach, sondern auch „die Seele eines Griechen" hatte. Der jüdische Schreiber *Philo von Aleanxandria*, (Φίλων ὁ Ἀλεξαν-δρεύς, etwa 20 v. bis 50 n. H), versuchte griechische und hebräische Traditionen zu vereinen. Obwohl seine Logos-Idee das nach ihm entstehende Christentum grundlegend prägte, schrieb er nur griechisch, nicht hebräisch. Alle seine

Zitate aus der jüdischen Bibel stammen belegbar aus der griechischen Septuaginta. Ganz offensichtlich verstand er allenfalls nur wenig Hebräisch und so zitiert er in seinem umfangreichen Schriftwerk auch keinen hebräisch-sprachigen Zeitgenossen, auch nicht Jesus von Nazareth.

Der Gebrauch des Griechischen war auch unter hebräisch-sprachigen Juden in Judäa und Jerusalem durchaus nicht unüblich. Um das Jahr 175 v. H. hieß der Oberpriester im Jerusalemer Heiligtum *Jason*, Sohn des *Onias*. Während letzteres die vergriechischte Fassung des hebräischen namens חוני (Choni) ist, ist Jason Ἰάσων = "Heiler" zweifelsfrei griechisch und für den obersten Priester im *jüdischen* Tempel sicher bemerkenswert, aber kein Einzelfall. Tatsächlich könnte man die Liste von antiken Juden mit griechischen Namen über Seiten anfüllen. Wenn also nun selbst namhafte Autoren der damaligen Epoche wie Philo, ebenso wie ein Hohepriester wie Jason im Tempel sogar rein griechische Namen angenommen hatten, gibt es keinen vernünftigen Zweifel an den Namen Jesus und Maria als originale solche.

Wenn Christen die offenkundige Tatsache, dass Jesus und Maria beide keine hebräischen Namen hatten, heute als eine Art Makel sehen, ist das sicher eine relativ neue Idee, die in der Antike niemand verstanden hätte.

Die griechisch-sprachigen Anhänger des Bar Kochba, der um das Jahr 135 n. H. als Messias (meschiach) betrachtet wurde, bezogen sich auf ihn als Χριστός (Christos).

Da der Talmud nun aber nirgends auf „Jesus von Nazareth" (nicht mal der Ort ist erwähnt, obwohl es hunderte andere gibt, die zitiert werden darunter auch einige, die in den Evangelien – auf griechisch - ebenfalls genannt werden, wie etwa *Kfar Nachum = Kafer Naum*, usw.) und keine Maria erwähnen, werden eine Anzahl von Passagen die *vielleicht* eine Anspielung sein *könnten*, benutzt, um die „Lücke" zu schließen. Dies geschieht obwohl die gewählten Beispiele offenkundig unzureichend sind.

Das berühmteste, weil am häufigsten angeführte Beispiel dafür ist das des *Ben Stada*, der im Talmud erwähnt ist in den Abschnitten Schabbat 104b und Sanhedrin 67a. Dabei ist die Rede von einem Mann namens Ben Stada (בן סטדא), der beschuldigt wurde, „Zauberei" zu betreiben, die er von Ägypten nach Israel gebracht habe. In Berichten wird Ben Stada auch *Ben Pandira* (בן פנדורא) genannt, vielleicht, weil er als „Quacksalber" oder Betrüger auch unter verschiedenen Namen auftrat - so was soll es ja auch heute noch geben, vielleicht, weil sein leiblicher Vater ein anderer war als sein Stiefvater. Eins der Zeugnisse über Ben Stada alias Ben Pandira besagt allerdings, dass Stada der Name seiner Mutter gewesen sei und deren Mann (פפוס בן יהודה) Pappos, Sohn des Jehuda war. Schließlich fügt ein weiterer Zeuge noch an, dass man in der Ortschaft Pumbedita erzählte, dass seine Mutter Mirjam die Friseurin (מרים מגדלא שיער) war.

Diese Aufzählung widersprüchlicher, in der Summe trotzdem aber eher bangloser Daten nun werten manche Theologen auch heute noch als Angriff auf das Christentum.

Der Sachverhalt, den der Talmud schildert bezieht sich auf den Ort Pumbedita (פומבדינתא), wo es vom 3. bis zum 11. Jahrhundert eine größere jüdische Gemeinde mit zeitweiliger politischer Autonomie gab, etwa im Zentrum des heutigen Irak, nahe der Stadt Fallujah. Hier nun bespricht man den Fall des Ben Stada, der auch als Ben Pandira bekannt war und der vielleicht der Sohn eines Pappos ben Jehuda war. Seine Mutter hieß entweder selbst Stada oder eben Mirjam und wäre im letzteren Fall eine Art antiker Hairstylist gewesen. Der dafür benutzte Begriff מגדלא bezieht sich auf eine turmartige aufgestockte Frisur, wie man sie auch in den 1960er Jahren kannte, abgleitet vom Begriff מגדל *migdal* der „Turm" bedeutet). Mirjam die Hairstylistin soll nun verschiedene Männer gehabt haben und ein uneheliches Kind: Ben Stada, dem eben vorgeworfen wurde, in Ägypten Zauberei gelernt und im Irak praktiziert zu haben.

Was nun hat das alles mit Jesus von Nazareth und seiner Mutter zu tun, die namentlich nicht mal erwähnt werden? Gemäß den christlichen Evangelien hieß Marias Mann *Josef* und war der Sohn eines *Jakob* (so bei Matthäus) oder *Eli* (so bei Lukas), was aber wie auch immer keinen erkennbaren Zusammenhang zu einem tatsächlich erwähnten Pappos, Sohn des Jehuda. Darüber hinaus erwähnen die Evangelien nirgends, dass Jesus Mutter eine Friseuse gewesen sei, wenngleich wir dies natürlich weder ausschließen wollen, noch können. Pappos, Sohn des Jehuda ist noch an einer anderen Stelle des Talmuds erwähnt (Brachot 61b), und zwar als Zeitgenosse des Rabbi Akiwa, der gegen Ende des Bar Kochba-Krieges nach 135 von den Römern hingerichtet wurde (Akiwa, nicht Pappos), jedenfalls mehr als hundert Jahre nach dem Jesus christlicher Auffassung gemäß am Kreuz starb. Obwohl es nun in den Evangelien zahlreiche Berichte über Wunder gibt, erscheint es doch wenig wahrscheinlich, dass sein Vater oder Stiefvater des Jesus ihn über hundert Jahre überlebt haben soll.

Zwei Faktoren waren nun ausschlaggebend für den *Verdacht* der christlichen Gelehrten: zum einem der hebräische Name Mirjam im Kontext mit dem Ausdruck „migdala", zum anderen die Erwähnung eines unehelichen Kindes, das zum Zauberer wurde. Den

Theologen gemäß wären dies in der Summe deutliche Anspielungen auf Jesus. *Wirklich* …?

Wie bereits erläutert ist Mirjam aber *nicht* die Vorlage für den *römischen* Namen Maria, und darüber hinaus sind beide Namen in der antiken Welt ausgesprochen häufig. Interpretiert als „Maria Magdalena", einer in jüngster Zeit stark aufgewerteten Randfigur der Evangelien, hieße es freilich, selbige als Mutter des Jesus anzusehen, was so aber nicht in den Jesus-Berichten stünde. „Magdala" oder „Migdala" waren Ortsnamen mit offensichtlicher Anspielung auf einen Turm (hebräisch: *migdal*). Vergleichbar dazu wäre auch der hebräisch/aramäische Begriff „burg/a" der in etwa Lagerhaus, dann Turm, schließlich auch Festung heißt und in vielen Teilen Europas zum Bestandteil von Ortsnamen wurde: Augsburg, Freiburg, Hamburg, …

In derselben Weise könnte man nun auch argumentieren, die bloße Erwähnung einer „Maria der Schneiderin" müsste sich, und zwar ohne weitere Angaben oder Informationen zweifelsfrei und ausschließlich auf nur eine bestimmte Person in Berlin beziehen, deren Familienname Schneider ist, wobei jede andere Möglichkeit kategorisch verneint wird und die Tatsache ignoriert wird, dass die fragliche Person hundert Jahre später lebte, als die auf welche man sich beziehen wollte.

Selbstverständlich ist es möglich, dass jemand, der über hundert Jahre nach Jesus von Nazareth lebte, das uneheliche Kind einer Frau war, die Friseuse war und Mirjam hieß. Da ihr Ehemann ein Anhänger des Rabbi Akiwa war, wird das im Talmud erwähnt. So what?

Das Ben Stada – Beispiel zeigt auf, worauf man sich intellektuell einlässt, wenn man mit Leuten über Talmud-Auszüge argumentiert, die überhaupt keine Idee davon haben, was der Talmud überhaupt ist. Es gibt weitere Zitate, die sich auf einen Mann beziehen, der „Jeschu" genannt wurde, der aber schon hundert Jahre *vor* dem Jesus der Christen lebte und ein weiteres, welches davon berichtet, dass Ben Stada (nicht Jesus) gesteinigt wurde (nicht gekreuzigt) in der Stadt Lud (nicht Jerusalem) und das eben auch wieder hundert Jahre später. Die christlichen Talmud-Argwöhner ficht das alles aber nicht an. Was nicht passt, wird passend gemacht. Die Schlagzeile „der Talmud lästert über Jesus" ist *zu schön*, um darauf zu verzichten, bloß, weil es dafür *keine* Fakten gibt. So bleibt es eine Problematik von Personen, die geradezu gierig darauf sind, jede noch so kleine Anspielung (etwa eine bloße Namensähnlichkeit) aufzusaugen um Entzugssymptome zu kompensieren, wie man sie sonst nur von Drogensüchtigen kennt.

Historisch, politisch und soziologisch mag es dafür Erklärungen geben, warum des Lesens Kundige Leute partout darauf Wert legten, etwas zu finden, was es nicht gab, inhaltlich bleibt es aber barer Unsinn. Der

Talmud bezieht sich *nicht* auf Jesus von Nazareth. Seine christlichen Anhänger sollten damit und mit den griechischen Evangelien zufrieden sein. Es sollte auch keinen Zweifel darüber geben, ob die Verfasser der Evangelien, die im günstigen Fall Zeitzeugen waren, sich mit den Namen Jesus und Maria vertan haben könnten. Da sie sich nicht an ein hebräisches Publikum richteten, sind sie nun mal Griechisch und die hebräischen Juden der Antike hatten mit ganz anderen Dingen zu tun als sich damit zu befassen. Selbst der Jesus der Evangelien sagt bereits: Ich bin nicht gekommen, um das Gesetz der Tora abzuschaffen, sondern um es zu befolgen.

Was Wunder: was es mit Hostienschändungen und Ritualmorden auf sich hat

Ein geläufiges deutsches Sprichwort sagt: „Glauben heißt nicht wissen" oder betont „Glauben heißt Nichtwissen". Bekennende Christen glauben an Wunder, an christliche. Die Grundbedeutung des Wortes Wunder ist „wenden", d.h. etwas (ver)*wand*eln, umkehren oder umdrehen. Ein Wunder ist also eine *Umkehrung* oder *Veränderung*. Zu erwarten, dass solche Verwandlungen stattfinden, wo sie „technisch" eigentlich nicht möglich wären, ist der Wunderglaube, von dem hier die Rede ist, etwa dann, wenn jemand „übers Wasser" geht oder mit seinem Pferd „über die Stadt" fliegt.

Die religiöse Vorstellung war und ist vom Glauben an Wunder so sehr bestimmt, dass das Bekenntnis letztlich so und nicht anders heißt: *Glaube*. Man könnte meinen, dass heutzutage der Glaube an widernatürliche Wunder unter (deutschen) Christen nicht mehr sehr ausgeprägt wäre, doch gibt es nicht nur eine wachsende Zahl von Skeptikern, sondern immer noch ausgesprochen wundergläubigen Personen und Gruppen. Manche werden davon berichten wollen, dass durch ihre Gebete Krebs, Lähmungen oder Rippenbrüche geheilt worden seien, obwohl ihre Ärzte sie bereits aufgegeben hätten. Das kann sicher auch damit zu tun haben, dass Ärzte Irrtümer begehen können, ist letztlich aber weder diskutabel noch von Belang.

In früheren Zeiten freilich konnte man mit übernatürlichen Wundern punkten und sich veritable Vorteile verschaffen. Das ist nicht aus der Luft gegriffen, sondern stützt sich auf die christlichen Evangelien, wo Jesus zum einem ein Wunder nach dem anderen bewirkt, andererseits aber an jeder Ecke böse Dämonen vermutet. Sein Weltbild ist *dämonisch* und *wundervoll* zugleich. *Überall* stecken böse Teufel *drinnen* und es benötigt große, dramatische Anstrengungen, um einen halbwegs gesunden Normalzustand herzustellen: die vollständige Entsagung von allem anderen. Das lässt wenig Spielraum („*wer nicht mein Freund ist, ist mein Feind*" – Matthäus 12.30), erinnert aber, von der Seite betrachtet, auch ein wenig an Raucherentwöhnung. Mit der Zigarette wirkt die gewöhnliche Alltagssituation ganz aufregend, ohne sie bedrohlich und wenn man mal die Sucht überwunden haben sollte, so banal wie für den, der den Suchtstoff nie benötigt hatte. Sei es drum. Juden glauben nicht an christliche Wunder und gegen ihren „Unglauben" konnten deshalb oft nur Wunder helfen. Nicht selten ganz tatkräftig.

Ein solches Wunder wird von Christen für das hochmittelalterliche Augsburg bezeugt, sicher nur zufällig gleich neben dem alten Judenviertel: ein Hostienwunder. Eine Augsburger Christin hatte demnach eine Hostie, die sie in der Kirche bekommen hatte, im Mund behalten und dort belassen, um sie auf diese Weise heimlich aus der Kirche zu schmuggeln und zu sich nach Hause zu bringen. Dort nun hatte sie, die Hostie mit Wachs übergossen, offenbar um sie zu konservieren. Warum tat sie das? Um immer eine Hostie in ihrem Wandschrank zu haben und sie dort anbeten zu können. Das vielleicht älteste Beispiel für Lebensmittelkonservierung im deutschen Sprachraum. Fünf Jahre später soll sie sich nun aber einem Kleriker anvertraut und diesem die Hostie zurückgegeben haben. Der nun entfernte am Rand das Wachs und fand die Hostie in einem wunderbaren Zustand vor, nämlich „fleischartig" und mit feinen Äderchen, ganz so, als wäre das Gebäck wundersamer Weise zu Fleisch geworden. Am darauffolgenden Osterfest erholte sich die Hostie von ihrer fünfjährigen wächsernen Geiselhaft und blühte geradezu auf. Sie schwoll so sehr an, dass sich das restliche Wachs ablöste und der Augsburger Bischof messerscharf erkannte, dass das ja nun wohl ein Wunder sei und künftig als solches in Augsburg verehrt werden sollte, aber besten etwa auf halben Weg zwischen Judengasse und Judenkirchhof. Immerhin war auf diese Weise dafür gesorgt, dass beide nicht expandieren konnten. Mehr noch rechtfertigte das nun auch den Bau einer Wallfahrtskirche mit eigenem Stadteingang, vielen Pilgern und eines Klosters. Auch Luther hielt sich dort auf. Wer das für mittelalterlichen Aberglauben hält, irrt sich, denn die Hostie wird auch heute noch als Reliquie verehrt, was die Qualität genießbaren Brotes ebenso voraussetzt wie die leibliche Anwesenheit des Jesus in der Hostie. Da man auf eine 1932 beabsichtigte „chemische Untersuchung" verzichtete, legte man einfach eine frische dazu. Da Schwaben pragmatisch sind, passt das schon.

Hostie mit Schaf und Fahne (wikipedia)

Relevanter ist die Frage, was an den Mittelalterlegenden (die meisten von ihnen sind zurückdatiert oder gleich frei erfunden) dran ist, in welchen Juden christliche Hostien schänden. Das Delikt als solches ist natürlich ohne weiteres vorstellbar als simpler *practical joke*. Ein Jude kann jederzeit Schweinefleisch essen. Recht viele tun das. Es ist billig bei Aldi und Co. und wenn man etwa als russischer Zuwanderer aus der ehemaligen Sowjetunion nach Deutschland kam, brauchte man sich nicht umstellen, was Ernährungsweisen anbetrifft. Also isst der Jude Schweinefleisch. Und was passiert ihm? Wahrscheinlich gar nichts. Allenfalls kann er damit einen orthodoxen Juden ärgern und ihm sagen: Ätsch, siehst Du, gar nichts passiert mir. Dein Getue mit den Geboten ist also blödsinnig und unnötig – von statistischen Gesundheitsrisiken mal abgesehen.[19]

Und warum sollen wir nun glauben, dass irgendein Jude nicht was Ähnliches mit einer Hostie gemacht haben? Man kann sich ein Stück abbeißen, feststellen, dass es geschmacklich nichts hergibt und den Rest achtlos beiseitelegen und fragen Und nun? Vermutlich nichts weiter wird passieren. Diese Art von Frevel berichten die christlichen Legenden aber nicht. Sie benötigen keine praktische Handlung, sondern eine symbolische, folglich auch keine echten Juden, sondern nur einen symbolischen, einen bloßen Statisten eben. Denn die Hostie muss sich nun ins Zeug legen, bzw. *the other way around*: die Hostie muss mutieren, über sich hinauswachsen. Das wäre so, als wenn der Jude, der im ersten Beispiel das Schweinefleisch essen will, ein eigenartiges Wunder erlebt.

---

[19] Als dezenter Hinweis sei erlaubt: der Autor des Buches ist Veganer, oder genauer: er ernährt sich *koscher parve*.

Christlich gedacht könnte folgendes passieren: Das Fleisch des geschlachteten Tieres fügt sich wieder zusammen und mehr noch: das Schwein bekommt Flügel. Sie wissen schon: *When pigs can fly*. Das Schwein fliegt weg. Warum? 1. Weil es ein Wunder ist. 2. Damit der Jude nicht sündigt. 3. Weil es so gesünder ist (für beide!). Und weiter? Das Schwein pfeift dazu. Wieso? Weils lustig ist. Der Jude erzählt es seinen Kollegen im Aussiedlerwohnheim und keiner kauft mehr Schweinswurst bei Lidl, nur noch Wodka. So ähnlich könnte das sein. Einer vergleichbaren Erzähllogik gehorchen die Wunder die man dem Mittelalter andichtete. Die Hostie veränderte ihre Substanz und widerlegte das Handeln des Sünders. Der Jude sticht ein Messer in die Hostie und die Hostie blutet. Womit zugleich auch bewiesen ist, dass in jeder geweihten Hostie Blut enthalten ist: *glutenfree*. Erzählungen dieser Art sind natürlich keine Wunder, denn sie beschreiben kein unvorhersehbares Geschehen, sondern zweckgerichtetes Wunschdenken, erfunden zu Propagandazwecken. Warum es geglaubt wurde? Weil es behauptet wurde. Probieren Sie es doch aus. Lügen Sie bewusst, um sich Vorteile zu verschaffen und warten Sie darauf, ob Ihnen jemand glaubt. Die Wahrscheinlichkeit dafür liegt sehr hoch, bei über 80 %. Das behaupten wenigstens Marktforscher. Die haben herausgefunden, dass ein persönliches Zeugnis den höchsten Glaubwürdigkeitsstatus hat. Der einfache russische Jude, der im Wohnheim herumläuft und davon erzählt, dass sein Schnitzel weggeflogen ist, hat eine ungleich größere *street credibility* als die Zeilen dieses Buches. Es liegt nur daran, dass man sich kennt. Und wenn ein positiver Effekt damit verbunden wird, wirkt es auf die Menge. Wenn alle Geld ausgeben dafür, dass sie das Übergangswohnheim besichtigen können, in welchem sich das Schweinewunder zugetragen hat, *dann hat doch jeder was davon. Also vertragt's Euch doch wieder!*

Und der Ritualmord? Natürlich kann man sich vorstellen, dass ein einzelner Mensch in seiner Phantasiewelt völlig abdreht und zum psychopathischen Mörder wird. Es sind entsprechende Fälle überliefert. Denken wir an *Ed Gein* oder *Jeffrey Damer*, die Christen waren, nebenbei gesagt. Ihnen sagte man Kannibalismus nach. Lassen wir die Südsee beiseite, wo Kannibalen naiv erklären, dass Menschenfleisch noch besser schmeckt als Schweinefleisch. Frommen Juden kann das nicht passieren, denn wunderbarerweise fliegt ihnen das Schnitzel immer wieder davon. Bestimmt haben Sie schon mal was Ähnliches gelesen!? Würden wir Juden Menschenfleisch essen und Menschenblut trinken, würden wir uns auf die Tora berufen und Leute die sich nicht leer saugen lassen wollen oder sonstige Bedenken anmelden als Antisemiten bezeichnen. Darauf könnte man sich verlassen. Stattdessen ist es eben umgekehrt. Schon die

Leiche eines Menschen zu *berühren* ist **tabu**. Man kann niemanden essen ohne ihn zu berühren. *Thema beendet.*

Friedrich Herlin (1466) „*Beschneidung Christi*"

Darstellung des angeblichen Ritualmords an dem kleinen Simon

Woher kommt der Unsinn dann aber? Eine bloße Verwechslung, bzw. Missdeutung mit einer Beschneidung?

Nein, aber man beachte mal Darstellungen christlicher Künstler. Der Rest ist Phantasie, bzw. die (zunehmend bewusst) falsche Auslegung eines Beobachters. Aber das war im Grunde nachvollziehbar. Was meinen Sie, wie ein frommer Hindu einen deutschen Schlachthof bewerten wird, wenn er das Gemetzel sieht, dass abgestumpfte Leiharbeiter an Rindern und ihrem Nachwuchs verüben. Würde er kotzen …?

Auf der Fährte der Judensau

Eine Besonderheit des deutschen Christentums ist das mittelalterliche Bildmotiv der „Judensau". Besonders berühmt wurde auch das von Martin Luther als Druckblatt verbreitete „*Schemhaphoras*"-Bild.

Die von Martin Luther popularisierte „Judensau"

Mehrere Dutzend Judensau-Darstellungen an oder in kirchlichen Bauten, fast ausschließlich auf deutschen Gebiet, zeigen seit dem Mittelalter an Fassaden oder im Chorgestühl in Variation Juden, die an den Zitzen einer

Sau saugen. An einer Reihe von Orten wurden die Darstellungen im Laufe der letzten Jahrzehnte beseitigt, oft nach langen und schwerfälligen Kontroversen. In vielen Orten, wie etwa in Regensburg hat man sich nach nicht minder mühseligen Debatten zu erklärenden Begleittafeln durchgerungen, anderorts, wie etwa in Freising hat man die Bildnisse „entfernt". Allgemeine Übereinkunft besteht nun aber darin, die Abbilder als *grobe Beleidigungen des Judentums* zu werten, weil Schweine im Judentum als „äußerst unrein" gelten würden. Mit derselben Auffassung spielen auch Darstellungen von Juden, die bei einem sog. „Judeneid" auf einer Schweinehaut stehend gezeigt wurden.

Eine grundlegende Beurteilung der „Judensau"-Bildnisse betrifft nun aber nicht nur die Annahme, dass Schweine für Juden eine besondere Erniedrigung darstellten. *Wesentlichere* Rückschlüsse ergeben sich, wenn wir uns Gedanken über den Stellenwert des Schweines in der *deutschen* Kultur machen, oder die Wirklichkeitsnähe der Darstellungen berücksichtigen.

Was sicher manche überraschen mag, ist der Umstand, dass das Schwein für Tora-treue Juden *keine* sonderliche Herausforderung darstellt. Es ist lediglich eines von vielen Tieren und Geschöpfen, dass man *nich*t isst. In dieselbe Kategorie zählen Fliegen, Löwen, Schlangen oder Bienen. Mit der zugegeben mitunter sehr ausgeprägten Schweine-Phobie des *Islam* hat das traditionelle Judentum traditionell *nichts* zu tun.

Das hebräische Wort für Schwein ist „*chasir*". Das leitet sich ab vom Verb *chasar* = ringsherum gehen, umrunden, umkreisen, daher auch: zurückkehren (an eine frühere Stelle), etwas wiederholen, aber auch, etwas widerrufen, zurückgeben, schließlich: auf etwas (thematisch) zurückkehren. Das hebräische Schwein (chasir) ist demnach ein Umkreiser, Kreisläufer, Rückkehrer, wobei auch schon erwogen wurde, dass sein Name mit dem oft zitierten Wälzen des Schweines zu tun habe, für das es aber im Hebräischen ein anderes Wort gibt: hit'galgel. Ähnlich wie die moderne Metapher vom „sich bloß im Kreis drehen", nicht weiterkommen, ist das Schwein im Judentum – anders als der dort hochverehrte Esel – zugegeben *kein* Sinnbild für Klugheit, doch damit hat es sich auch schon. Es gibt auch kein entsprechendes Schimpfwort, keine abwertenden Redensarten, die mit Schweinen verbunden wurden. Das talmudische Schrifttum beschäftigt sich so auch nur sehr sporadisch mit Schweinen. In einem Kommentar wird *der arme Hund* (der seinem Herrn auch hungernd gehorcht und treu bleibt) mit dem sich *müßig im Schlamm wälzenden Schwein* verglichen, das selbst an Abfällen Genuss finden kann und glücklich ist. Anderswo (Breschit raba 44) ist die Sau aber auch ein Sinnbild für eine sich (nutzlos?) aufopfernde Mutter, die umso ausgezehrter wird, je feister ihre Ferkel werden.

Zwar ist den antiken Rabbinern bewusst, dass Römer und Griechen Schweine essen, aber sonderlichen Raum nimmt das nicht ein. Im talmudischen Kommentar zum Buch Ester ist die Sau Gegenstand eines Gleichnisses. Die Stute am Bauernhof beobachtet das Schwein, das sich am Boden wälzt und reichlich zu fressen bekommt und spricht zur Eselin: wir beide arbeiten jeden Tag hart und bekommen nur wenig. Die Sau wälzt sich nur im Dreck und bekommt Eimerweise Fressen. Ist das gerecht? Darauf antwortete die weise Eselin, dass die Sau nicht zu ihrem besten gemästet wird, sondern zu ihrem Verderben.

Was nun aber das Verspreisen von Schweinen anbetrifft, dass nach dem Gebot der Tora verboten ist, so geht der Talmud der Frage nach, ob es für den Verzehr von Schweinen ein größeres, schwereres Verbot geben würde, als für andere verbotene Tiere. Die Gelehrten kommen jedoch zu dem Schluss, dass dem nicht so ist und es vom Standpunkt des Verbots keinen Unterschied macht, ob es sich um ein Schwein, eine Maus oder um einen Wurm handele (*Awot Rabbi Natan 34*). Verboten ist das eine, verboten ist das andere.

Zusammengefasst bleibt: Schweine haben im Judentum *keinen* besonderen Stellenwert, und gelten auch nicht als „besonders unreine" Tiere. Das Essverbot hat auch keine „hygienischen" Gründe, wie immer wieder mal vermutet wird, sondern basiert auf den Vorgaben der Tora. Es gibt nichts, was ein Schwein „unreiner" machen könnte als Hasen, Katzen, Hunde, Krokodile, Wellensittiche, Kamele oder Pandabären. Es gibt hier keinen Superlativ und: nicht koscher = *nicht koscher*. Löwen beispielsweise sind bereits seit der Antike gebräuchliche Wappen für das jüdische Volk – *man darf sie aber nicht essen*. Es gab auch nie ein Problem für Juden auf Pferden zu reiten oder Hunde zu halten – *man darf sie nicht essen*. Moderne ultraorthodoxe Rabbiner sehen auch kein Problem, biologische Herzklappen aus Aortenklappen von Schweinen anzuwenden – *man darf sie eben nicht essen*. Alles kein Grund zur Aufregung.

Ganz anders verhält es sich nun aber im Christentum, insbesondere im deutschen Christentum, wo sich Schweine großer Beliebtheit erfreuen – auch wenn dies nicht immer zum Besten für das Schwein ist – sei es als Speise in vielfältigen Varianten oder als Glücksymbol oder Schimpfwort. Die Fixierung ist durchaus charakteristisch für die eigenartige *Ambivalenz des Schweins im Christentum*. Wo Jesus im Evangelium noch *Dämonen in Schweine* zaubert und diese (um sie zu „entsorgen") sodann in einen Abgrund stürzen lässt, ist auch dem frommsten Christen das *Essen* von Schweinen selbstverständlich erlaubt. Gerade auch in Deutschland, wo es ungezählte kulinarische „Spezialitäten" gibt, wird dies als geradezu identitätsstiftend zur „echten Tradition" gehörig propagiert.

Die offenbar recht leckeren „Schweinereien" sind demgemäß gerade in Deutschland sprichwörtlich *in aller Munde*. Auch, weil andererseits das wohl ganz gerne genossene Schwein gleichzeitig wieder ein Schimpfwort ist: du Schwein, du Sau, du Dreckschwein, du Ferkel, usw. gelten als recht derbe, herabsetzende Beschimpfungen, die meist mit einer schon recht starken Wut ausgestoßen werden. Jemanden als „Sau" zu bezeichnen weckt in christlich-deutschen Ohren Assoziationen, die es so kaum in anderen Sprachen gibt, während das hebräische „Chasira" (= weibliche Form) früher schlimmstenfalls mit dem ähnlich lautenden „Chasera" verwechselt werden konnte, was Apfel heißt (das heutige Hebräisch hat dafür den Begriff des „Erd-Apfels" (tapu'ach adama) übernommen).

Andererseits ist im Deutschen das Schwein Ausdruck in ungezählten Wortkombinationen, die sich erstaunlicherweise auch in der sonst stets wandelnden Jugendsprache halten, wie beispielsweise „saugeil", „saubillig", „schweineteuer", „sauertopf", oder „saublöd" ... je nach Kontext mal eher positiv, mal eher gegenteilig verstanden werden, in der Regel aber immer als starke Bekräftigung, als *ikonischer Superlativ*. Einen solchen Stellenwert hat „das Schwein" nur in der deutschen Sprache. In der gibt es auch das Schwein als Glückssymbol, den geläufigen Ausdruck des „Glückschweins". Die Herkunft des Begriffs, stammt wahrscheinlich aus mittelalterlichen Ritterturnieren, die am Augsburger Fronhof, unweit der Judensiedlung abgehalten wurden, bei denen das Schwein der *Trostpreis* für den *Verlierer* war, der dann doch nicht leer ausging, sondern doch noch „Schwein gehabt" hatte. So wurde in deutschen Landen das Schwein zum Sinnbild für das *kleine* Glück oder das Glück des *kleinen Mannes*. In der Darstellungsweise christlicher Skulpturen können letzteres dann sogar auch Juden sein.

Tatsächlich ist es nun auch so, dass die zahlreichen Varianten der Judensau-Darstellungen sich in einem Detail sehr ähnlich sind, nämlich in der Disproportionalität der Schweine und Juden. Während die Schweine in den Darstellungen als mehr oder minder (wohl abhängig vom Können des Steinmetzes oder Holzschnitzers, denn einige sehen bestenfalls eher wie Schafe oder Hunde aus) als solche feststellbar sind, werden „die Juden" erst durch spitze „Judenhüte" als solche (klischeehaft) „verständlich", freilich auch nur so, als wollte man allen Deutschen eine „typische" Pickelhaube aufsetzen. Die

Juden reiten mal auf ihnen, oder liegen darunter, um an den Zitzen der Sau zu saugen oder sie schlecken dem Tier am Hintern.

Sie, die „Juden" nun sind aber, und das ist durchaus bemerkenswert, in den Darstellungen (abgesehen vom wesentlich jüngeren Exemplar im Kölner Dom) allerorten in etwa so groß, oder besser so klein wie die Schweine, meist etwas sogar noch etwas kleiner als diese. Wenn man nun berücksichtigt, dass ein ausgewachsenes gewöhnliches weibliches Hausschwein (von heutigen Turbozüchtungen mal abgesehen) allenfalls auf eine Schulterhöhe von etwa 80 cm kommt, stimmt hier etwas mit den Proportionen nicht. Auch dann nicht, wenn wir annehmen wollten, das Menschen im Mittelalter, weil sie Ketchup und Cola noch nicht kannten, per se etwas kleiner gewesen seien als heute, wären sie mit rund 160 cm immer noch doppelt so groß gewesen wie eine normale Sau. Es handelte sich also entweder um ausgesprochen kleine Juden, die obwohl mit Bärten dargestellt, wohl keine Kinder und nur etwa 70 cm groß waren oder aber um ausgesprochen große Schweine, die höher als Eineinhalbmeter waren. Am ehesten denkbar wäre noch, bärtige Liliputaner zu vermuten, die sich unter die Säue knieten, um an den Zitzen der Tiere zu sauen. Nach modernen Maßstäben könnte man diese Diskrepanz freilich auch als „künstlerische Freiheit" werten, jedoch stammt der Begriff nachweisbar aus der napoleonischen

Ära, in der zahlreichen Kirchenbauten profaniert wurden und sogar ein Papst im Kerker saß, bei Wasser und Brot, vielleicht ja auch bei Milch und Käse.

Und dabei wären wir beim *wesentlichen* Detail der Judensau-Abbildungen, nämlich bei der dargestellten <u>Handlung</u>: die wie auch immer proportionierten Juden saugen an den Zitzen der Sauen. Wenn man sich fragt *warum* und *was*, kann die technische Antwort recht schlüssig beantwortet werden: *Milch*. Schweine sind Säugetiere, *bekanntermaßen*.

Doch welch Überraschung: nirgendwo, auch nicht in deutschen Landen, wo schon viele Schwein gehabt haben, findet man sie – die Schweinemilch, den Schweinekäse. *Kein Thema*. Da kennt man eher noch das „Mäusemelken" im ... nun ja, deutschen Volksmund, sprichwörtlich nur, versteht sich.

Im Rahmen des Themas „Judensau" sollte es zu denken geben, warum fromme Christen – nicht marginal, sondern durch Steinmetze und kunstfertige Holzschnitzer in ihren bedeutendsten Großkirchen und Domen – Juden unterstellten, Schweinemilch zu trinken, wo bei ihnen selbst, Schweinemilch und Schweinekäse bis heute fremd geblieben ist.

Schweine sind aber ohne Zweifel *Säugetiere* und Sauen geben *Milch*. Schweine sind keineswegs kleiner als

Schafe oder Ziegen und geben nicht weniger Milch, sondern eher mehr, wenn auch in Schüben über den Tag verteilt. Und das ließe sich noch steigern, würde man wie bei Kühen bereits seit Jahrhunderten üblich, eigens Milchkühe züchten. Warum es, abseits von Scherzen zum 1. April auf diversen Internetseiten, trotzdem aber keine Schweinemilch und Produkte daraus im *Bioladen* oder Supermarkt zu kaufen gibt?

Warum dem so ist, darüber gibt es verschiedene Vermutungen, die aber alle nicht so recht überzeugen, weil man alles in selber Weise auch in Bezug auf Kühe, Schafe oder Ziegen sagen könnte, etwa das doch die Ferkel die Milch bräuchten, ... gerade so, als ob man darauf bei Kühen Rücksicht nehmen würde. Schweinemilch habe einen eigenartigen, fast strengen Geschmack, aber auch einen geringeren Gehalt an Fett und Kasein. Das mag stimmen, bei *Menschen*, ... Ziegen und Kühen ist der Fettanteil etwa bei 3-4 % und wird von den gewöhnlichen Milchtieren nur von Schafen mit 5-6 % übertroffen. Pferdemilch, die es als, wenn auch selteneres, Produkt immerhin gibt, bringt es nur auf etwa 2 % Fett. Diese Werte erreicht nun aber auch die Milch vom Schwein, die dafür proteinreicher und „cremiger" als Kuh- oder Schafsmilch sein soll. Überhaupt, was spielt der Fettgehalt für eine Rolle, wo man in Supermärkten seit Jahrzehnten 1,5-%-ige H-Milch oder fettarme Milch mit 0,5 % in jeder Theke hat, wie auch entwässerten Rahm mit 10 %, Sahne, Joghurt, Quark oder Käse von streichzart bis knüppelhart. Alles könne auch aus Schweinemilch gemacht werden.

Judensau im Chorgestühl des Doms in Erfurt

Bei der großen Menge von Schweinen (rund 60 Millionen von ihnen werden in Deutschland *jedes Jahr* geschlachtet) und ihrem geradezu typischen Verbreitungsgrad überrascht das dann doch. Gesagt wird auch, dass Schweine keine Euter haben (Pferde auch nicht), auch das Schweine nicht so viel Milch „auf einmal" produzierten, weshalb man öfter täglich kleine Mengen melken müsste und dass dies „zu aufwendig" sei. Richtig überzeugend sind diese Erklärungen nicht, denn irgendein geschäftstüchtiger Landwirt hätte längst schon eine effektive Schweinemelkmaschine entwickelt, um die Produktion von Schweinemilch zu beschleunigen und zu vervielfachen, gäbe es denn auch nur im Ansatz eine Nachfrage nach Saumilch und Schweins-Gou-da. Die es offenbar nicht gibt. Warum? Offenbar vor Ekel, wie man überall erfragen und lesen kann. Trotzdem gibt es dutzende Darstellung in christ-lichen Heiligtümern, die propagieren, dass Juden von den Zitzen der Sau trinken. Heutzutage finden sich zumindest im Internet, wo man sich hinter Namenskürzeln verstecken kann, dann eher noch Plädoyers dafür, aus „Menschenmilch" Käse herzustellen, Ekel hin, Ekel her.

Über den Wucher christlicher und jüdischer Geldverleiher

Das wahrscheinlich gängigste, heute noch überall anzutreffende Klischee über Juden ist die Voraus-setzung, dass so ziemlich alles was sie tun, direkt finanziell oder indirekt geldwert motiviert sei, dass Juden also wenigstens beruflich (insgeheim aber wohl immer und überall) „irgendetwas" mit Geld oder Vermögen am Hut oder gar darin versteckt haben – ganz im Gegensatz zu anderen, den „Nichtjuden", die scheinbar eher unbewusst mal ein Vermögen machen oder zwei, etwa weil sie rein zufällig über einer Schatzinsel abstürzen oder aber sich zumindest danach sehnen, aus ganz und gar uneigennützigen Motiven. Ganz und gar. Das versteht sich ja doch von selbst. Wie nun aber jeder weiß, ist im monetären System (das nur in Ausnahmen Tauschhandel ermöglicht) faktisch und praktisch jeder Mensch in irgendeiner Weise auf Geld angewiesen und damit verbunden. Das fängt schon mit Kindern an, die Taschen- oder Pausengeld bekommen. Geld ist ein Treibstoff und funktionaler Faktor der Gesamtgesellschaft, seit es menschliche Gesellschaftsformen gibt, wobei es nicht darauf ankommt, ob Metalle, Muscheln oder Garantiescheine auf Papier die gültige Währung darstellen. Wegen dieser doch eher banalen Grundvoraussetzung des gesellschaftlichen Lebens im Allgemeinen, fingiert das Klischee nun jedoch die Vorstellung in der „der Jude" *nur* finanzielle Interessen hat oder anstrebt. Alle anderen Teile der Wirklichkeit werden, so gut es eben geht, ausgeblendet oder umgedeutet.

Verkauft ein Jude seine Rinder, ist er ein Vieh*händler*, verkauft ein Christ seine Rinder, ist er Vieh*züchter*, besser noch: ein Bauer. Verkauft ein Jude seine Schneiderarbeiten (warum sollte er sie auch sammeln, bis er verhungert ist?), ist er Textil*händler*, tut es ein anderer, ist er ein Schneider. Ist ein Jude Bankier, hat er nichts anderes im Sinn, als von anderen Gebühren und Zinsen zu kassieren, wenn nicht mehr. Ist ein Christ Bankier, dann nur in zweiter Linie, gewiss um Mäzen sein zu können oder Stadtrat, auf jeden Fall aber aufs Allgemeinwohl bedacht. Was denn auch sonst? In dieser Weise kann man das durch alle Berufsbilder und Gesellschaftsschichten deklinieren. Der gemeinsame Nenner wird immer sein, dass Juden stets unrechtmäßig nach Geld und Besitz streben oder es sich betrügerisch aneignen, alle anderen aber redlich dafür arbeiten. Ein gewöhnlicher Musiker musiziert der Liebe zur Musik wegen, der jüdische Musiker nur wegen des Geldes. Ein Politiker ist demnach etwas anderes als ein *jüdischer* Politiker, ein Bankier was anderes als ein *jüdischer* Bankier, ein Bettler etwas anderes als ein *jüdischer* Bettler. *Wirklich* ...?

Das Klischee eines besonders ausgeprägten Verhältnisses von Juden zu Geld nun ist nicht neu, zumindest wurde es seit Beginn des 19. Jahrhundert, d.h. seit der Zeit Napoleons, immer wieder behauptet, so oft bis es niemanden mehr neu vorkommen konnte und nach fast zwei Jahrhunderten ist dieser Aspekt auch wahr geworden: die Behauptung ist in den meisten Köpfen zum Allgemeingut geworden. Neben der in selber Weise behaupteten Annahme, Juden wurden immer und überall „verfolgt", die reformistische Juden proklamierten, um Anteilnahme und Mitleid zu wecken und Zugang zur „höheren Gesellschaft" zu bekommen, während zeitgleich Antisemiten es behaupteten, um ihnen genau das zu verwehren, ist das Geld-Klischee das selbstverständlichste und hartnäckigste, dass sich auch in der heutigen Zeit quasi *überall* auffinden lässt. Ganz gewiss auch in den Vorstellungen einer Vielzahl von Lesern dieses Buches, und womöglich, ja fast sicher ohne wesentliches Zutun. Die Mehrzahl der Juden kennt das Klischee und eine Reihe von areligiösen jüdischen Volksgenossen aus Osteuropa ist damit aufgewachsen, teils aus der antisemitischen Perspektive des Sowjetkommunismus, teils aus jener jüdischer Literaten, die sich auf der humoristischen Ebene damit zumindest anfreunden wollten, und dem Klischee entsprechende Charaktere schufen. Die Ironie dieser Geschichte(n) wäre dann darin, dass einige Zeitgenossen versuchen, diesen Klischeefiguren zu entsprechen, weil ihre „Gerissenheit" als „typisch" und „witzig" aufgefasst werden. Doch darüber mehr im Kapitel über den zumindest bei liberalen Intellektuellen so beliebten jüdischen „Humor".

Unter etwa achtzig Millionen Personen in Deutschland gibt es derzeit (2017) etwa hunderttausend Juden, wegen der zunehmenden „Überalterung" der Zuwanderer in der Tendenz *fallend*. Auch wenn die meisten von ihnen vom Judentum allenfalls eine *Ahnung* (eine christliche eher) haben und viele in sowjetisch geschlossenen Mischehen leben, was wir an diesem Punkt der Einfachheit halber außer Betracht lassen, ergibt das ein Verhältnis von etwa eins-zu-achthundert. Heißt: Auf einen Juden kommen achthundert „Nichtjuden", mindestens. Die Wahrscheinlichkeit *zufällig* auf einen Juden zu treffen ist in Deutschland demnach geringer als einen Fünfer in Lotto zu haben, den bei der letzten Ziehung am Anfang Februar 2017 immerhin 719 Personen hatten. Einen Dreier erreichten übrigens 800.000 Tipper, das entspricht etwa der Anzahl in Deutschland lebender Italiener und auf einen zu stoßen wäre entsprechend weniger schwierig. Der passende Vergleich zu fast fünf Millionen Muslimen im Lande bestünde wohl in der Wahrscheinlichkeit *eine* richtige Zahl zu treffen. Das ist relativ einfach und deshalb gibt es dafür auch *kein* Geld.

Juden in Deutschland treffen fast nur auf „Nichtjuden". Juden trifft man nur höchst selten. Lange Rede, kurzer Sinn: die Wahrscheinlichkeit, aus ausreichend eigener Erfahrung ein halbwegs vernünftiges Urteil über „die Juden" bilden zu können, erfordert die Fähigkeit Woche für Woche zweimal einen Fünfer im Lotto richtig zu tippen. Wenn Sie sich das zutrauen, geben sie dem Autor bitte über die Verlagsanschrift entsprechende Hinweise. Das wäre wirklich interessant, selbstverständlich nur aus ganz allgemeinem statistischen, mathematischen Interesse, … ganz bestimmt nicht wegen des Geldes wegen. D.h. nein, zugegeben, ich würde nur des Geldes wegen Lotto spielen.

Eines der gängigsten Stereotype *über* mittelalterliche Juden ist jenes über *Geldverleiher*. Anders als in früheren Zeiten (= vor ca. 1955) wird es von *modernen* Autoren durchaus mit einer gewissen *Nachsicht* bewertet. Vorausgesetzt wird - *wie auch immer* - die Hypothese, dass sich zwei gesellschaftliche Faktoren quasi *passgenau* ergänzten:

Den Christen war *verboten*, gegen Zins Geld zu verleihen – *den* Juden war genau nur das *erlaubt*. Das passt so schön zusammen wie Yin & Yang, Sponge Bob und Krabbenburger oder wie die Faust aufs Auge. Man könnte sich das gar nicht besser wünschen.

Aus der Prämisse folgte sodann, dass *grob geschätzt* fast *alle* Juden, nun ja, eben Geldverleiher gewesen wären. Ein kleiner Rest mag auf irgendeine Weise Handel getrieben oder vom Hausieren gelebt oder es zumindest versucht haben, okay. Schwarze Schafe gab es aber sicher auch, Diebe und Betrüger. Das wird man ja wohl sagen dürfen.

Da der Geldhandel an sich in der damaligen Zeit nun aber auch sehr „risikoreich" gewesen sei, waren die Juden gezwungen gar *sehr hohe* „Zinsen" zu verlangen. Davon kam dann eben auch der schlechte Ruf des Wuchers. Heute, rund 25.000 Tage nach Hitler, sieht man das aber mit Nachsicht und Fingerspitzengefühl und bringt ein gewisses Verständnis für die Wucherer auf. Was hätten sie ja auch sonst machen sollen? Betteln? Arbeiten? Sterben? Konvertieren?

Vielleicht ist dieser Denkansatz *nett* gemeint, hilfreich ist er *nicht* - auch weil er mit „Denken" nicht so viel zu tun hat. Die Annahme, dass Juden ausschließlich oder auch nur überwiegend Geldverleiher waren, ist natürlich völlig absurd. Trotzdem wird dieser Blödsinn aber leider auch heute noch für bare Münze genommen, fast überall, auch und gerade in deutschen Schulen. Das gängige Klischee, das man längst als *haltlos* widerlegen konnte, wird so nun aber bewahrt. Mit der scheinbar verständnisvollen Umdeutung wird es sogar zum *Musterbeispiel eines reanimierten Vorurteils* und des zeitgenössischen Umgangs damit. Die Schweden sind deshalb Vampire, weil sie nichts Anderes essen durften. Dafür muss man doch Verständnis haben! Die vordergründig positiv gedachte Rechtfertigung – ob gewollt oder nicht sollen Psychologen ausarbeiten – *bestätigt* das Vorurteil als „objektiven" Sachverhalt und liefert das „Urteil" gleich mit, festigt es und erschwert bei einfacheren Gemütern die Möglichkeit die Behauptung zu hinterfragen.

So stellt sich etwa die Frage, was denn nun eigentlich Christen dazu bewegt haben soll, sich gegen *möglichst hohe* Zinsen Gelder von *gierigen* Juden zu leihen, wo doch der gute ehrbare Mitchrist es einem zinsfrei geben musste, konnte und wollte?

Wir wollen uns hier nicht missverstehen. Es gab tatsächlich Juden, die überwiegend oder ausschließlich von Pfand- und Geldgeschäften lebten. Das wird niemand bestreiten, jedoch ist ihr Anteil innerhalb der jüdischen Gemeinschaft selbstverständlich marginal. Sehr marginal sogar. Nicht deshalb, weil sie, wie etwa Martin Luther lieber im Bergbau gearbeitet hätten, sondern, weil die Nachfrage nach Geldgeschäften selten war und die übergroße Mehrzahl kurzfristiger Pfandleihen kaum was einbrachte. Es gab modern gesprochen keinen

Markt und eine Vielzahl von Anbietern hätte die verlangten Zinsen auch nicht gerade nach oben getrieben. Allzu viele Konkurrenten hätten sich logischer Weise gegenseitig unterboten. Das sagt der gesunde Menschenverstand. Der aber kommt selten zu Wort, wenn nach Juden gefragt wird. Meist antwortet das sog. Bauchgefühl.

Versuchen wir aber trotzdem vier wesentliche Fragen für das grundlegende Verständnis des Sachverhalts zu erörtern:

1. *Waren wirklich alle Juden Geldverleiher?*

2. *Machten Juden andere Geschäfte als Christen?*

3. *Verlangten jüdische Geldverleiher (un)verhältnismäßig hohe Zinsen?*

4. *War es Christen verboten gegen Zugewinn Geld zu verleihen?*

Die sachliche Antwort auf jede dieser Fragen lautet: *Nein*. Und ja, das lässt sich sachlich begründen.

* * *

1. Wie typisch waren jüdische Geldverleiher?

Ohne Zweifel gab es im Mittelalter jüdische Geldverleiher. Ob es anteilig unter Juden mehr von ihnen gab als unter Christen ist eher zweifelhaft. Ohne Zweifel gab es in mittelalterlichen deutschen Städten weit mehr Christen als Juden. Der Anteil der Juden beträgt, wo man es einigermaßen verlässlich nachzeichnen kann, vielleicht ein Prozent der Bevölkerung, manchmal zwei oder drei, fast nie mehr. Bei zehntausend Einwohnern sind das dann hundert oder zweihundert Juden innerhalb der Stadtmauern. Ohne Zweifel waren fast (wenn nicht gar tatsächlich) *alle* Handelsfamilien in den Reichsstädten Christen und keine Juden. Nicht anders verhält es sich mit den überall verstreuten, mit Kleindörfern umgebenen Burgherren. Sie sind fast ausschließlich oder nur Christen, keine Juden. Man kann getrost davon ausgehen, dass die übergroße Mehrheit ihrer Geschäfte untereinander, also „rein christlich" getätigt wurden, auch weil es längst nicht an jedem Örtchen überhaupt Juden gab.

Aus städtischen oder fürstlichen Urkunden und Aufzeichnungen in jüdischen Quellen, finden sich nun effektiv nur wenige Juden, die *tatsächlich* überhaupt irgendetwas mit Geldgeschäften in der Form zu tun hatten, dass sie einem Christen gegen ein Pfand eine bestimmte Summe an Geld leihen wollten oder konnten.

Im mittelalterlichen Augsburg, neben Köln und Nürnberg das wichtigste Handelszentrum im Reich, wo Juden eine bedeutende Stellung innehatten, tritt allenfalls einer von zwanzig jüdischen Steuerzahler als Geldverleiher in Erscheinung. Das wären dann hochgerechnet 5 von 100. Die Bücher verzeichnen aber nur die Steuerzahler, d.h. die Haushaltsvorstände, nicht deren Familien und Bedienstete. Bezieht man diese aber in die Gesamtbevölkerung ein, was ja nur den Tatsachen entspricht, ergibt das natürlich eine andere Sichtweise: Taxiert man einen Haushalt mit Frauen und Kindern und Bediensteten vorsichtig auf zehn Personen, wäre man rechnerisch bei einem halben Prozent der jüdischen Bevölkerung. Bei einer jüdischen Gemeinde mit 400 oder 600 Personen – und das wäre für mittelalterliche Verhältnisse eine *sehr große* Gemeinde gewesen, wären das 2 oder 3 Geldhändler. Von diesen wiederum betätigte sich die Mehrzahl als Pfandleiher mit eher geringen Beträgen. Wie man sich denken kann, hatten sie es eher mit einer beiläufigen Klientel aus der Nachbarschaft zu tun. Anderes kam schon mangels Mobilität kaum in Frage. Westlich von Augsburg beispielsweise waren Wertach und Hettenbach Staatsgrenzen nach Österreich. Darüber kann man heute nur lachen. Reisen die länger als ein oder zwei Tage dauerten, wurden von den meisten Menschen als verantwortungslose Abenteuer aufgefasst. *My castle is my home.*

Andererseits gab es dann aber doch einige wenige Juden, die aus der jüdischen Gemeinde und in der Stadt in der sie lebten *herausragten* wie ein Fels in der Brandung. Sie waren mutig und im Fernhandel engagiert, der im Sinne der jüdischen Religion erforderlich war. Beispielsweise zum Laubhüttenfest bedurfte es der *Etrogim*, einer speziellen Zitrusfrucht. Sie waren vorgeschrieben und mussten dieser bestimmten Sorte entsprechen und konnten nicht „symbolisch" durch eine andere Frucht ersetzt werden, etwa durch eine gewöhnliche Zitrone oder durch einen Apfel oder einen Wollknäuel. Es musste ein *echter* Etrog sein, ohne Alternative. Da diese nun aber nur in warmen Gegenden wachsen, mussten sie rechtzeitig *von dort* herbeigeschafft werden, koste es *was auch immer*. Es gab *nichts* Wichtigeres und auch *keine* Ausreden.

Ein anderes Beispiel wäre der Wein. Dieser musste koscher sein, d.h. den Bestimmungen des Judentums entsprechen. Aber *was* machte Wein koscher? Er durfte in *allen* Phasen nur von Juden bearbeitet werden. Die Trauben mussten von Juden gepflanzt und aufgezogen, geschnitten, geerntet und verarbeitet werden. Nun kann man sich überlegen, unter welchen Umständen das im mittelalterlichen Deutschland zutreffen konnte, wo und wie oft. Was mussten Juden zahlen, um sich in einem angeblich feindseligen Umfeld koscheren Wein zu leisten? Was zahlten Juden in abseits gelegenen Städten jüdischen Händlern aus Gebieten, in welchen es unter welchen Umständen auch immer möglich war, Wein koscher anzubauen und zu ernten? Es liegt auf der Hand, dass es sich hier nur um recht teuren Wein handeln konnte. Es gab einen täglichen Bedarf an koscheren Wein, zumindest aber für den wöchentlichen Schabbes und zu den Festtagen. Man kann es sich am vorhin vorausgesetzten Haushalt von zehn Personen ja überlegen, was dies in der Woche, im Monat und im Jahr ergibt. Sicher ein einträgliches Geschäft und eine gute Möglichkeit ein Vermögen zu machen und anzuhäufen – für den *Händler*. Und zu einem solchem Händler, der erkennbar Geld gemacht hat – durch seine *jüdische* Kundschaft, zu dem konnten auch Leute kommen, die mehr Geld brauchten, als einen Pfennig für 'ne Woche. Sie liehen Bischöfen, Fürsten und auch Königen Geld, mitunter sogar ganz stattliche Summen. Aber, in einer Stadt, wenn nicht der gesamten Region sind sie natürlich *die* Ausnahme überhaupt. 1314 etwa liehen *Jüdlin* und *Lämlin,* die Vorstände der jüdischen Gemeinde zu Augsburg dem damaligen Wittelsbacher Herzog Ludwig und späteren Kaiser Ludwig IV. 3600 Pfund Pfennige Augsburger Währung (entspricht etwa Gulden oder Goldmark). Diese damals recht üppige Summe benötigte er, damit er sich als *Kandidat* der Luxemburger für das Amt des römisch-deutschen Königs bewerben konnte. Im Gegenzug erhielten die Führer der Augsburger Juden Ludwigs Residenz München als *Pfand*, theoretisch. Auch wenn der Beleg fehlt, dass die Schuld wirklich getilgt wurde, liegt es auf der Hand, dass es keine reelle Chance gab, gegen den säumigen Kaiser eine Zwangsvollstreckung durchzuführen. Wenn man sich den heutigen Immobilienwert der damaligen Münchner Altstadt vergegenwärtigt, wäre es aber durchaus reizvoll, sich vorzustellen, was es einbrächte, die Forderung einzutreiben.

Obwohl der damalige München-Deal zweifellos ein sehr bedeutendes Unternehmen war, ist es, wie auch immer kaum vergleichbar, mit den exorbitanten Geldgeschäften *christlicher* Geldleiher wie der Medici oder Fugger, um nur zwei allgemein bekannte *christliche* Finanz-Dynastien zu nennen. Ihre Geschäfte überstiegen auch die ansehnlichsten jüdischen um ein Zigfaches. Während man den Fuggern aber bewundernd „*Kauf Dir einen Kaiser*" nachsagt, geht man bei den Juden davon aus, dass ihre Geschäfte auf „Wucher" basierten, auch dann, wenn die Schulden wahrscheinlich nie beglichen wurden. Man könnte ebenso „gut", bzw. unpassend die Geschäftsabschlüsse eines städtischen Pfandhauses mit denen internationaler Großbanken vergleichen wollen, deren Ruf heutzutage auch nicht der beste ist.

Erst im 19. Jahrhundert gelang es jüdischen Bankiers wie Rothschild, Oppenheim oder Warburg, wenigstens zeitweilig in vergleichbare Höhen christlicher Banken vorzustoßen. Ein bemerkenswertes Beispiel *dafür* sind auch die Augsburger Geldhändler Welser, zweifellos Christen. Sie wurden zunächst im Silberbergbau reich, handelten bald aber auch mit *Barchent*, Gewürzen, Baumwolle und ... richtig: auch mit *Menschen*. Liest sich heute natürlich etwas seltsam, war aber so. Gemeinsam mit ihren Nürnberger Verwandten und den Augsburger Fuggern versuchten die Welser 1536 das Gebiet des heutigen Peru auf dem, Jahrzehnte zuvor noch völlig unbekannten Kontinent, zu erobern, wobei ihnen jedoch die Spanier zuvorkamen. Von 1519 bis 1550 – im Zeitalter der „Reformation", kontrollierten die Augsburger bereits die spanische Überseeprovinz *Venezuela*. Eine fromme christliche Familie als „Besitzer" einer Kolonie in der eineinhalbfachen Größe des heutigen Deutschlands. Gegen eine „Gebühr" von 20.000 Gulden an den Kaiser durften die christlichen Händler aus der Lechstadt abertausende afrikanischer „Negersklaven" über den Ozean verschiffen, um sie mittels Gewalt dazu anzustiften, für ihren privaten Luxus Gold, Edelhölzer, Perlen und seltene Pflanzen zu sammeln. Das Unternehmen kam mit dem gewaltsamen Tod von *Bartholomäus Welser* (1512-1546), dessen Vater der Hofagent von Kaiser Karl V. wie auch des französischen Königs Franz I. war, zum Erliegen. Der Sohn nun führte als Hauptmann eine Expedition auf der Suche nach dem legendären und bis heute sprichwörtlichen Goldland „*El Dorado*" ins Landesinnere, wo er dann von einem Rivalen ermordet wurde. Im Vergleich dazu wirken die Geschäfte jüdischer Geldhändler so eindrucksvoll wie ein Maikäfer neben einer Elefantenherde. Man braucht dann schon einen *sehr speziellen* Blick um den einzelnen gierigen Käfer zu fokussieren und die Elefantenherde zu ignorieren. Selektive Wahrnehmung.

Die weitaus meisten *Städte* waren kleine Ansiedlungen mit kaum mehr als tausend Einwohnern. Der Bedarf an „Investitionen" war *bescheiden* und richtete sich eher nach den Bedürfnissen regionaler Fürsten und deren Bündnisstrategien. Andererseits war auch der „Finanzmarkt" in den genannten „Großstädten" recht überschaubar. Heute gängige Motive zur Aufnahme von *privaten* Krediten, wie die Anschaffung eines neuen Autos oder einer Wohnzimmercouch oder Waschmaschine, einer Urlaubsreise ins Clubhotel und dergleichen existierten nicht. Es wurden auch keine Altenheime, öffentliche Schwimmbäder, Schulen, Sportplätze oder Jugendzentren gebaut, allenfalls Kirchen. Wer Geld brauchte, benötigte es meist, um einen zeitlich begrenzten Engpass zu überbrücken. Abgesehen von einigen Fürsten und Klerikern wäre kaum jemand in die Verlegenheit gekommen, *über seinen Verhältnissen* zu leben.

Wer nun aber *tatsächlich* mittellos war, bettelte um Almosen, nicht um Darlehen.

Die Zahl der Juden in der Bevölkerung war, wie bereits gesagt, gering. Eine Stadt mit 10.000 Einwohnern hatte rechnerisch allenfalls zwei- oder dreihundert Juden, die mit Frauen, Kindern, Alten und Bediensteten, wie Mägde, Stallknechte, Hauslehrer, usw. auf etwa 10 Familien, sprich Haushalte oder Steuerzahler kam. Anders als oft vermutet, verfügten die Juden einer Gemeinde durchaus über eine ganze Reihe von Berufen, angefangen von unverzichtbaren koscheren Metzgern und Bäckern, über Gerber (für Gebetsriemen, Torarollen, etc.), Weber (koschere Kleidung, Gebetschale, etc.), Richter, Rabbiner, Schul- und Hauslehrer, Steinmetze, Wäscherinnen, Schreiber, Steinmetze, Vorbeter, Schmiede, Händler, Bader, Beschneider, Ärzte, Hebammen, etc. aber auch Helfer in der Synagoge und der Gemeinde, wie Garköche, Schulklopfer (die vor Schabbat oder Festtagen an die Türen klopften, um zum Gottesdienst zu rufen), Totengräber oder weitere Hilfslehrer, falls es vor Ort neben der Betstube vielleicht auch eine Jeschiwa (Schule) für den Talmudunterricht gab. Belegt sind an manchen Orten ferner auch jüdische Bierbrauer, Papierhersteller, Apotheker, Fischer, Drucker, Flößer, Gastwirte und dergleichen mehr.

Natürlich gab es auch unter den Juden Behinderte und Verkrüppelte, Witwen und Waisen, und dementsprechend auch eine Armenfürsorge. Da mit dem Aufkommen sog. „Zünfte" (d.h. handwerklicher „Verschwörungen", Innungen oder Gilden) in den Städten, Juden von diesen vom öffentlichen Markt *ausgegrenzt* werden sollten, ergibt sich von selbst, dass sie bis dato in den Handwerkberufen tätig waren. Das blieben sie auch weiterhin, erhielten in der Regel aber kaum noch Aufträge aus den Städten, wohl aber aus dem Umland, das den städtischen Zunftordnungen *nicht* unterworfen war. Im 15. Jahrhundert führte dies auch zur verstärkten Abwanderung reichsstädtischer Juden in auswärtige, oft benachbarte Dörfer. Es ergibt sich von selbst, dass bei der Fülle von unabdingbaren Aufgaben zur Aufrechterhaltung einer jüdischen Gemeinschaft, die meisten ihrer Angehörigen weiterhin in den verschiedenen Gewerben tätig sein mussten. Wer sonst sollte für sie auch koscherere Produkte herstellen? Es fiel schon seit langem kein Manna mehr vom Himmel.

Nur wenige Juden waren substantiell dazu in der Lage, neben ihren Berufen kleine Pfandgeschäfte zu betreiben, in welchen man recht kurzfristig gegen ein abgegebenes Pfand kleine Beträge verlieh. Der dazu erforderliche administrative Aufwand sollte übrigens nicht unterschätzt werden. Es mussten immerhin Verträge verfasst und unter der Teilnahme von Zeugen, in der Regel sowohl Juden als auch Christen, unterschrieben werden. Auch wenn ein großer Teil der jüdischen Bevölkerung lesen und schreiben konnte, alle konnten es nicht, schon, weil Papier sehr teuer war und fast ausschließlich in Hebräisch geschrieben wurde. Pfandgeschäfte unterlagen jedoch der städtischen Aufsicht. Die nun kannte dafür meistens mehr oder minder feste Regelungen und ließ sie von Beamten durchaus streng – und wie sich versteht gegen Abgaben – kontrollieren. Meist wurde ein Pfand nach ein paar Tagen gegen eine kleine Gebühr auch wieder ausgelöst. Auf diese Weise ließen sich allenfalls ein paar Pfennige im Jahr verdienen.

Es ergibt sich von selbst, dass ein nennenswerter, bedeutender Geldhandel die *große Ausnahme* sein musste und sehr sicher im Bereich eines Bischofs oder Vogtes, etc. angesiedelt war. Für deren Finanzbedarf musste sich der Geldleiher oft erst selbst von (vielen) anderen Geld leihen. So wie es nicht zwei Bischöfe in einer Reichsstadt gab, gab es dann auch selten mehr als einen Geldhändler. Obwohl es unter den vermögenden Geldverleihern kaum innerjüdische Konkurrenz gab, waren sie verständlicher Weise doch sehr auf ihren guten Ruf bedacht. Insbesondere unter den weniger vermögenden Verleihern und Pfandnehmern bestand für den Kapitalsuchenden dann doch eine gewisse Auswahlmöglichkeit. Wer mit dem Angebot des einen Pfandnehmers nicht zufrieden war, konnte zum nächsten gehen.

Die heutige Wahrnehmung ist geprägt durch das gezielt verbreitete „Wucher"-Klischee. Ursprünglich ist Wucher jedoch aber nur das *deutsche* Wort für das vom lateinischen *census* (= Abschätzung) abgeleitete Zins. Man kann natürlich raten, warum der lateinische Begriff den deutschen verdrängen konnte. In seiner neutralen oder gar positiven Bedeutung ist „Wucher" in der Redensart *„Ein Pfund mit dem man wuchern kann"* (für *Wikipedianer*: gemeint ist das „Pfund" als *Währung*) erhalten geblieben. Durch die ansonsten durchweg negative Auffassung des deutschen Wucher-Begriffs wird der Anschein geweckt, als wären Beschwerden oder gar Empörung über jüdische Geldverleiher üblich gewesen oder gar Standard. Doch das war keineswegs der Fall.

Die weitaus meisten der Geschäfte waren ganz offensichtlich *zur allseitigen Zufriedenheit* verlaufen, weshalb sich nur wenige *gegenseitige* Beanstandungen in den Urkunden finden. Allem Anschein nach hatten städtische Gerichte sich nur alle Monate oder Jahre mal mit einem Fall zu beschäftigen, in welchem ein säumiger Schuldner nicht zahlen konnte. Ihre Bedeutung wird wohl vor allem deshalb überschätzt, weil es für die übergroße Anzahl der reibungslos verlaufenden Geschäfte kaum entsprechende Aufzeichnungen gibt. Die durchaus übliche Praxis, von wenigen Einzelfällen auf eine Alltäglichkeit zu schließen, ist zwar anachronistisch, aber eben: übliche Praxis.

2. Machten Juden andere Geschäfte als Christen?

Das hochmittelalterliche Geld- und Bankwesen basierte auf dem antiken römischen und übernahm von diesem eine Anzahl verschiedener Institutionen. An oberster Stelle stand der Landesherr und mit ihm der Inhaber des „Münz-Regals", also dem offiziellem Recht (= „regal") Münzen zu prägen und in Umlauf zu bringen. Da dies eine sehr ernsthafte Angelegenheit war (und auch heute noch *lukrativ* ist), wurde das Delikt der Münzfälschung in aller Regel mit dem Tode bestraft. Eine Praxis die sich erst zur Zeit Napoleons mit der Einführung von Papiergeld relativierte. Von da an gibt es zur Strafe aber immer noch wenigstens langjährige Gefängnisaufenthalte.

Im antiken Rom entsprach der *Argentarius*, (abgeleitet von *argentum* = Geld, Silber, da die meist verbreitete Münze, der Denar aus Silber geprägt wurde) fast einen Bankier im modernen Sinne. Er bewahrte in seinem Geschäftshaus das Geld seiner Klienten und organisierte Auktionen von Erbgütern oder nicht ausgelöster Pfänder. Darüber hinaus wurden bei ihm Münzen auf ihre Echtheit geprüft und fremde Währungen getauscht. Für den Argentarius arbeitete in der Regel ein *Coactor* (wörtlich: „Antreiber"), bzw. *Abkassierer*, der bei Auktionen oder Außenständen, das Geld des Käufers oder Schuldners abkassierte und dabei in der Regel dessen

Haus aufsuchte, etwas vergleichbar mit einem Gerichtsvollzieher oder Inkassodienst. Als Angestellter verlieh er in der Regel kein eigenes Geld, bekam für seine Tätigkeit aber eine Provision, bzw. Gewinnbeteiligung. Da diese im Misserfolg ausbleiben konnte, wurde den Abkassierern eine gewisse Nachhaltigkeit und Penetranz, mancherorts auch rüdere Methoden nachgesagt. In etwas moderneren Assoziationen gedacht, könnte man vielleicht nicht unpassend von Mafia-Methoden sprechen.

Im Rang unter ihm stand der *Nummeralius*, dessen Name sich vom lateinischen *nummulus*, dem Klein- oder Wechselgeld ableitet. Im Mittelalter hießen sie „*campsores*" oder nach ihrem Wechseltisch (lat. = *banco*) „*banchieri*". Ihre Aufgabe bestand darin, meist in den Diensten eines Fürsten oder Argentarius Münzen auf ihre Echtheit, Metall, Gewicht, Prägungszeichen, usw. zu prüfen, alte Münzen gegen neue und fremde Währungen einzutauschen. Im Volksmund bürgerte sich für sie ab dem 13. Jahrhundert auch der Begriff des „*Lamparter*" ein, was sich auf die Lombardei im Nordwesten Italiens bezog. Bei den Römern übernahmen oft freigelassene Sklaven diesen Job, da sie in der Regel fremde Währungen kannten, lesen und einschätzen konnten. Wurden ihnen falsche Münzen angedreht, hatten sie für den Schaden zu haften. Ein Fall zurzeit als Kaiser Galba noch Statthalter war, berichtet davon, dass er verfügte, einem Prüfer, der sich als Münzfälscher erwiesen haben soll, die Hände abzuhacken. Gemäß dem Evangelium nach Matthäus kommt es bei den *Wechselstuben* vor dem jüdischen Heiligtum in Jerusalem, an dessen Stelle sich heute die muslimische *Al Aqsa-Moschee* (المسجد الأقصى) befindet, zur Auseinandersetzung zwischen dem Protagonisten Jesus und den dort tätigen Geldwechslern (κολλυβιστῶν), wobei er deren Tische (τραπέζας) umstieß, die in der lateinischen Übersetzung der „Vulgata" als „*mensas nummulariorum*" bezeichnet werden. Aus den Reihen der Prüfer konnte man an Orten mit Münzprägung in verantwortungsvolle Positionen und zum Aufstieg in bedeutende Ämter gelangen.

Schließlich gab es noch sog. *Fänatoren* (faenator), die darauf spezialisiert waren, *Kredite zu vermitteln* und im kleineren Rahmen auch selbst zu gewähren. In der Regel waren es kurzfristige Pfandgeschäfte, bei denen Geld gegen hohe Zinsen verliehen wurde. Wurden größere Summen benötigt, traten sie als Vermittler zwischen Geldnehmer und -geber auf. Der Name leitet sich vom lateinischen Wort *fenus* für Gewinn, Zugewinn, Zuwachs, Vorteil ab.

Wie bereits erwähnt war das ursprüngliche deutsche Wort dafür *Wucher*, weshalb „*Wucherer*" zunächst ganz wertfrei nichts anderes war als die Übersetzung des gängigen lateinischen Begriffs ins Deutsche. Heute spricht man von *Provision* oder einer noch „feiner" von einer *Courtage*, etc.

* * *

3. Verlangten jüdische Geldverleiher verhältnismäßig hohe Zinsen?

Die eigenartige Vorstellung, dass *zu hohe* Zinsen verlangt wurden, ist albern und weltfremd. Die maximal erlaubten Zinssätze waren in den Stadtrechten *festgeschrieben*. Sie zu umgehen, wäre niemanden in den Sinn gekommen, denn warum sollte sich jemand Geld leihen wollen zu einem weit höheren Zins, als erlaubt war? Was hätte ein Gläubiger davon gehabt? Höhere Schulden! Was hätte der Geldverleiher davon gehabt? Nichts, denn er hätte sein Geld ebenso gut auch aus dem Fenster, in den Fluss oder gleich in den Abort werfen können. Der Schuldner hätte sofort zum Gericht gehen können, und wäre seiner Schuld ledig gewesen.

Nun, waren die Zinsen der mittelalterlichen Geldverleiher denn wenigstens *vergleichsweise hoch*? Gäbe es darüber Diskussionen, könnte man nach Belegen fragen und Vergleiche anstellen. Meistens gibt es sie nicht. Man setzt „den" Sachverhalt stillschweigend voraus. So braucht man weder Argumente noch Belege. Es reicht zu vermuten, dass jüdischer „Wucher" (= Zins) auf exorbitant hohen Zinsen („Wucher") basiert. Rechtfertigend wird bekräftigt, dass diese Zinsen *so hoch* sein *mussten*. Warum? Das „Ausfallrisiko" sei recht hoch gewesen. Ab und an sollen jüdische Geldgeber von ihren säumigen Kunden auch erschlagen oder angezündet worden sein. Klar, dass man da höhere Zinsen verlangt. Einen besseren Schutz kann man sich auch kaum denken.

Obwohl Wucher an für sich – wiederholt gesagt – nur der deutsche Begriff für den lateinischen Zins ist, gibt es in der deutschen Sprache heute zwar *Zinswucher* und *Wucherzins*, doch lässt sich *Zinseszins* nicht als *Wucherswucher* übersetzen. Aus mittelalterlichen Urkunden geht hervor, dass jüdische Geldleiher oft über 50% an Wucher, bzw. Zins verlangen durften. Häufig mehr, weshalb auch 60, 70 oder mitunter 86 % nachweisbar sind. Die Zinssätze waren in der Regel im Stadtrecht als *Höchstgrenzen* festgeschrieben, also völlig legal. Erst was darüber lag, war unrechtmäßig. 61 % beispielsweise.

Nehmen wir als Beispiel die städtischen Bestimmungen aus Ingolstadt, wo im frühen 14. Jahrhundert den örtlichen jüdischen Geldverleihern seitens der Stadtoberen gestattet wurde, auf ein *Pfund Pfennige* pro Woche 2 Pfennige Wucher (also Zins) zu nehmen, von auswärtigen Schuldnern gar drei Pfennige pro Woche. Ein *Pfund*

Pfennige oder kurz *Pfund* entsprach einem *Gulden* (fl.) oder in anderen Gebieten auch der *Mark* und unterteilte sich bei zahlreichen regionalen Abweichungen in *20 Schilling* oder *240 Pfennige* (anderswo in entsprechend viele Heller). Zwei von 240 Pfennigen entsprechen dem 120. Teil in einer Woche (etwa 0.8 %). Auf ein ganzes Jahr berechnet würde dies einem *jährlichen* Zinssatz von über 40 % für einheimische Ingolstädter Kreditnehmer (bzw. 65 % bei Auswärtigen) entsprechen. Im Augsburger Stadtbuch, dem Stadtrecht von 1276 heißt es, dass kein Jude von einem halben Pfund Pfennige mehr *Nutzen* nehmen soll, als „zur Woche zwei Pfennige und von Sechzig einen". Da ein halbes Pfund Pfennige 120 Pfennig entsprach, betrug der erlaubte *Nutzen* (= Zins, bzw. Wucher) 2, also ein Sechzigstel. Das entspricht einem wöchentlichen Zinssatz von 1,7 %, oder *aufs Jahr* berechnet ganze 86 %.

So ziemlich jeder vermutet, dass heutzutage ein Bankkredit *viel billiger* zu haben ist, zumal man auf den offenbar recht beliebten Vergleichsportalen im Internet auch noch diverse Anbieter gegenüberstellen und je nachdem, günstigere Angebote um 5 bis 8 % an Jahreszins finden kann. Das hängt freilich aber auch von der Darlehenssumme ab, von der Risikobewertung des Kunden, oder von der Laufzeit des Vertrags. Der effektive Jahreszins fällt in der Regel höher aus, oft kommen auch noch weitere Kosten wie eine eventuell aufgeschwatzte Unfall- und/oder Kreditversicherungen und natürlich Gebühren hinzu. Doch selbst wenn man ein Darlehen über 25.000 Euro in fünf Jahren mit rund 30.000 abbezahlt hat, betragen die Mehrkosten von 5.000 Euro sodann etwa 20 % der aufgenommenen Kreditsumme. Kann man den Kredit bereits in einem Jahr zurückbezahlen, was monatliche Raten von etwa 2.100 Euro zur Folge hätte, beläuft sich die Gesamtsumme nur auf etwa 500 bis 1000 Euro, was real 2 – 4 % entsprechen würde. Verlängert man die Rückzahlung „unserer" 25.000 Euro auf zehn Jahre (120 Monate), beträgt die monatliche Rate etwa 275-300 Euro, während sich die Gesamtsumme der Rückzahlung nun aber auf etwa 36.000 Euro erhöht. Die zusätzlichen 11.000 Euro ergeben (ohne Gebühren, usw.) real 44 %. Und damit wäre das Limit, das jüdischen Geldverleihern vor siebenhundert Jahren in Ingolstadt erlaubt worden war, bereits überstiegen - obwohl es sich hierbei eher um günstige Angebote seitens entsprechender Vergleichsportale im Internet handelt. *How about that?*

Wie dem auch sei, ist der Bankkredit – schon mangels etablierter Banken im heutigen Sinne – trotzdem *nicht* der passende Vergleich zu einem mittelalterlichen Geldgeschäft. Bei diesen handelte es sich sehr selten um lang- sondern meist nur um *sehr kurzfristige* Ausleihen, auf der Basis *schneller* – wie man heute sagen würde

„Termingeschäfte" und fremden Risikokapitals. In der Regel brauchten das klamme Fürsten oder Möchtegerns zur Finanzierung von Festlichkeiten, wie einer Hochzeit, Reisekapital für ein auswärtiges Geschäft oder zur Ausstattung eines Soldaten, der zur Ehre der Familie oder des Ortes in das Heer eines Fürsten oder Königs berufen wurde, dabei aber seine Ausrüstung (Pferde, Knappen, Waffen, Rüstung, Proviant, etc.) selbst bezahlen musste. Sollte die Heirat glücken, das Geschäft gelingen oder der Kriegszug Beute bringen, war es ein Leichtes, den genommenen Kredit nebst dem vertraglich geregelten Wucher wie vereinbart zurückzubezahlen.

In aller Regel wurde also nur *kurzfristig* geliehen und wer sich nun als Ingolstädter also 240 Pfennige für ein, zwei Wochen lieh (fast immer mit einem Pfand zur Sicherheit), gab dann fristgerecht eben 242 oder 244 Pfennige zurück. Der Leiher unternahm zwischenzeitlich Geschäfte und machte meist über den Ankauf und Verkauf von Waren einen Profit, den er ohne das Risikokapital nicht hätte tätigen können. Der passende Vergleich wäre heute also ganz sicher nicht der Bankkredit, sondern die (noch immer existierende) *Pfandleihe*.

Aktuelle Internetseiten deutscher Pfandhäuser geben detailliert Aufschluss über die von ihnen erhobenen Gebühren. An Kosten für den Pfandkredit entstehen in der

Regel 1 % der Auszahlsumme pro Monat, sowie 2 % Unkostenvergütung pro Monat, macht zusammen also 3 % pro Monat auf den für das abgegebene Pfand ausgeliehenen Betrag. Rechnet man dies *aufs Jahr*, ergeben sich auch da bereits wieder 36 % an Jahreszins, bzw. „Jahreswucher". Es handelt sich auch hier wieder um ein eher günstiges Beispiel. Einige Anbieter verlangen weit höhere Gebühren. Das Wort Zins wird – wie bei Banken – allgemein gerne vermieden. Das *Stadtamt Bremen* gibt bei Pfandleihen „*auf das Jahr umgerechnet*" eine Größenordnung von 25 – 100 % an.

Anhand dieser *aktuellen* Pfandleihe-Beispiele aus Deutschland, ergibt sich, dass die mittelalterlichen jüdischen Pfandleiher, wie etwa jene aus Ingolstadt, *auch heute noch* eher *am unterem Ende der Preisskala* lägen, obwohl die rechtliche Absicherung für die heutigen, öfter auch städtischen Geldleiher eine ungleich bessere wäre und niemand droht die Mitarbeiter städtischer Pfandhäuser zu erschlagen oder sie gar mitsamt ihren Kindern, Häusern und Kirchen anzuzünden.

Sollte es heutzutage mit der Rückzahlung etwas schwierig werden, kann man zusätzlich zum ursprünglichen Pfandgeschäft aber auch noch Teilbeträge zurückzahlen und die Restsumme als *neue* Pfandleihe berechnen, womit man wieder etwas Zeit gewinnt. Jedoch verschleppen sich die Kosten, die damit natürlich insgesamt noch weiter steigen. Erfolgt in sechs Monaten keine Zahlung wird das Pfand versteigert. Das war – bei abweichenden Regelungen in den Stadtbüchern einzelner Städte – auch im Mittelalter wenig anders.

Wer nun also die Idee verfechten will, dass die von jüdischen Pfand- und Geldleihern verlangten Zinsen zumindest *nach heutigen* Maßstäben tatsächlich "Wucher" im Sinne von „übertrieben hoch" wären, liegt völlig falsch und sollte sich über die heute noch gängigen allgemeinen Gebühren zeitgenössischer, mitunter auch städtischer Pfandleihen und über Wesen, Vor- und Nachteile des Pfandgeschäfts informieren.

Einer Ironie der Geschichte auf die Spur kommt man übrigens auch, wenn man sich mit der Frage befasst, wie es eigentlich Antisemiten, insbesondere Nationalsozialisten mit der Pfandleihe hielten. Aufschluss darüber geben zeitgenössische gesetzliche Bestimmungen der Nazis.

Mittelalterliche Maßstäbe schwingen noch ein wenig mit in der Verordnung des (bereits nationalsozialistisch geführten) Reichsinnenministeriums vom 30. September 1936 über Zinsen und Unkostenvergütung zur Pfandleihe.

1936 betrug der „*Kapitalzins ... 0,5 Reichspfennig für den Monat und für jede Reichsmark*", heißt 0.5 % Monatszins je Mark. Darüber hinaus gab es auch damals (noch/schon) die verklausulierte Unkostenvergütung, die nach der Kreditsumme gestaffelt wurde und bei 2 Reichsmark (RM) 10 Reichspfennige betrug. Nehmen wir also an, jemand benötigte im Herbst 1936 in Nazideutschland einen Kurzkredit über 2 RM für einen Monat, so kostete ihn dies 1 Pfennig an Monatszins und 10 Pfennige an „Unkostenvergütung", ebenfalls *monatlich* (anders als in mittelalterlichen Verhältnissen, wo *taggenau* abgerechnet wurde) jeder *angefangene* Monat als solcher zu bezahlen war.

Wenn man nun bedenkt, welch überaus prominenten Anteil der „*typisch jüdische Zinswucher*" in der antisemitischen Propaganda und Literatur hatte, und auch heute noch in den Köpfen zahlreicher Menschen klischeehaft verankert ist, ist es durchaus bemerkenswert, dass der Unkostenbeitrag der Nazi-Pfandleiher deutlich höher ist, als der verlangte Zins. Antisemiten nehmen eben *keine hohen Zinsen*, sondern verlangen stattdessen noch *höhere Gebühren und Unkostenbeiträge*. Begriffskosmetik. Wem es hilft ...

> Der Minister des Innern wird ermächtigt, die Zinssätze zu erhöhen oder herabzusetzen.
> Der Minister des Innern wird ferner ermächtigt, Vergütungen für besondere Leistungen der Pfandleiher festzusetzen. Für diese Vergütungen gelten die Vorschriften über die den Pfandleihern nach Maßgabe dieses Gesetzes zustehenden Zinsen entsprechend.
> Die Zinsen und Unkostenvergütungen betragen nach der VO. vom 30. September 1938:
>
> § 1.
> Die Pfandleiher dürfen bei Darlehnsverträgen erheben:
> a) einen Kapitalzins von 0,5 Reichspfennig für den Monat und für jede Reichsmark;
> b) eine Unkostenvergütung von monatlich
>
> | | | | | | | |
> |---|---|---|---|---|---|---|
> | 10 Rpf. bei einem Darlehn bis einschl. | | | | | | 2 RM |
> | 15 | . | . | . | . | . | 3 . |
> | 20 | . | . | . | . | . | 5 . |
> | 40 | . | . | . | . | . | 10 . |
> | 60 | . | . | . | . | . | 15 . |
> | 80 | . | . | . | . | . | 20 . |
> | 100 | . | . | . | . | . | 25 . |
> | 120 | . | . | . | . | . | 30 . |
> | 150 | . | . | . | . | . | 50 . |
> | 200 | . | . | . | . | . | 100 . |
> | 250 | . | . | . | über | | 100 . |
>
> c) eine einmalige Taxvergütung in Höhe von 1 vom Hundert des Darlehns bei Darlehnsbeträgen über 30 RM.
> Die Unkostenvergütung schließt die Kosten der Versicherung in sich.
>
> § 2.
> § 1 gilt nur für solche Darlehnsverträge, in denen ausdrücklich vereinbart ist, daß sich der Pfandleiher wegen seiner Ansprüche aus dem Pfandleihgeschäfte nur an das Pfand halten kann.

Im konkreten Beispiel müssten für die 2 RM nun nach einem Monat 2,11 RM zurückbezahlt werden. Der Aufschlag beträgt also 5,5 % und erscheint niedrig, berechnet sich aber eben nur auf den Monat. Fürs Jahr sieht es aber schon etwas anders aus. Zur Leihsumme von 2 RM kommen nun 12 Pfennig an „Kapitalzins" und entsprechend 12 mal 10 Pfennige an (monatlicher) Unkostenvergütung und das ergibt sodann 2 RM + 0,12 RM + 1,20 RM = 3.32 RM

Der effektive Jahreszins beträgt nun allerdings 66 % und das ist durchaus im Bereich dessen was auch jüdische Geldkaufleute im Mittelalter verlangten.

Bei höheren Kreditsummen sah die Verordnung des Reichsinnenministeriums von 1936 übrigens auch höhere „Unkostenbeiträge" vor. Zu einem Darlehen von 100 RM addierten sich zunächst wieder der Kapitalzins von 0,5 Pfennig pro RM und Monat also 50 Pfennig. Die Unkostenvergütung für 100 RM betrug laut Verordnung 200 Pfennig, also 2 RM und schließlich war bei Beträgen über 30 RM nochmals eine „einmalige Taxvergütung in Höhe von 1 vom Hundert des Darlehens" fällig.

Das summiert sich nun so: 100 RM + 5 RM + 2 RM + 1 RM = 108 RM, bzw. 8 % … im Monat! Aufs Jahr gerechnet waren dies 7 RM x 12 = 94 RM plus einmalige Taxvergütung von 1 RM, also 95 RM, oder anders formuliert. Der Jahreszins betrug in diesem Fall bereits 95 %.

Wie nun kommt es wohl, dass die Pfandleihe in Nazi-Deutschland Ende 1936 teurer war, als bei mittelalterlichen Juden? Hat der Leser eine Idee?

* * *

4. War es Christen verboten mit Gewinn Geld zu verleihen?

Wie oft zu lesen ist, wurde Christen das Wuchern, also das Zinsnehmen verboten. Genannt wird dabei das ausdrückliche Verbot durch Papst *Innozenz III.* aus dem Jahre 1215, der für seine ausufernde Vetternwirtschaft bekannt war, seinen Verwandten gegen üppige Geldzahlungen politische Ämter verschaffte und zudem die Plünderung von Konstantinopel zu verantworten hatte, was zum endgültigen Bruch mit der griechischen Kirche führte. Abgesehen von seinem eigenen, eher fragwürdigen Geschäftsgebaren, muss man sich das formelle Zinsverbrot des Papstes nicht als finale Problemlösung vorstellen, das per Dekret eine ungewünschte Wirklichkeit einfach aus der Welt schaffte.

Tatsächlich ist es ja nur ein Rückgriff auf die hebräische Bibel, heißt es doch dort beispielsweise im 3. Buch Moses 25.36 bereits: „*Nimm keinen Zins* (נשך) *von deinem Bruder…*", wobei man den Begriff נשך auch besser als „Bissen" übersetzen könnte. Sinngemäß gemeint ist, dass man keinen Vorteil daraus ziehen oder irgendwelche Vergünstigungen erstreben soll, wenn man seinem „Bruder" Geld leiht, d.h. sich nicht zum Essen einladen zu lassen, weil man einen Kredit vergab, da dieser „Bissen" demgemäß ein *Zugewinn* wäre. So wenig aber, wie es heute gelingt, mittels bloßer Verbote Steuerhinterziehung, Prostitution, Mord, Kindesmissbrauch, Falschparken, Versicherungsbetrug und Produktpiraterie oder wenigstens Dummheit ein für alle Mal aus der Welt zu schaffen, so wenig effektiv war nun ein formeller Appell eines Papstes bezüglich des Erhebens von Wucher (= Zins).

Seine Aussagen waren zudem nur für den Klerus verbindlich, nicht jedoch für die Bürgerschaft der Reichsstädte, Fürsten oder Könige. Es handelte sich auch nicht um ein Verbot in Form eines *Reichsgesetzes*, etwa der 1530 in Augsburg beschlossenen *Constitutio Criminalis Carolina*, sondern vielmehr um eine Art *Gedankenanstoß*, wie wir es etwa aus den Sonntagsreden deutscher Bundespräsidenten kennen („*Es muss ein Ruck durch Deutschland gehen*" oder „*Der Islam gehört zu Deutschland*", etc.). Entsprechend unerhört blieb das *Zinsverbot*, welches es de facto auch nicht gab.

Für Christen war es demnach selbstverständlich *möglich* und *üblich*, Geld zu verleihen und dafür Zinsen zu nehmen. Christlicher Wucher (Zins) war genau dann legal, wenn er vertraglich so vereinbart wurde. Üblicher Weise wurde dabei, ähnlich heutiger Bonitätsprüfungen, vom Geldgeber zunächst das Ausfallsrisiko bewertet. Bestand die Gefahr einer unpünktlichen Rückzahlung oder eines Kapitelverlustes, was wohl über jeden

Kredit gesagt werden kann, wurde eine „Risikogebühr" erhoben. Um dieses Risiko zu mildern war christlicher Wucher durchaus erlaubt. Eine Variante bestand im sog. *census,* wovon sich, wie bereits erwähnt, das heute in der deutschen Sprache übliche Wort *Zins* ableitet. Gemeint war damit ursprünglich eine Art „Rentenkauf" oder ein sog. „Leibgeding", wobei dem Geldgeber das Nießbrauchrecht etwa für ein Haus eingeräumt oder aber ein Hausbesitzer von der jährlichen Steuer befreit wurde.

Diese Befreiung war in der Regel zeitlich begrenzt und wurde in einem amtlichen Brief vertraglich festgelegt. In den mittelalterlichen Augsburger Steuerbüchern ist beispielsweise für das Jahr 1384 in mittelhochdeutscher Sprache vermerkt, der Jude Ber, der Sohn des Wolf aus Rothenburg sei *„sizzend mit einem gedinge und haund prieff".* Das besagt, dass er, wohl für eine entliehene Summe an Geld, anstelle von Zins mit einem *Geding* (altdeutsch für *Vertrag*, was sich ableitet von *Ding* = Gericht) *sitzt*, d.h. wohnt und darüber Unterlagen (einen „Brief") besitzt (*haund* = habend), weshalb er dafür der Besteuerung entgeht.

Das Beispiel, nur eines von vielen, zeigt, dass es unter Christen und Juden gleichermaßen flexible Geschäftsabschlüsse gab und auch ein jüdischer Geldleiher imstande war, „zinslose" Darlehen zu vergeben, wenn er ebenso wie ein Christ einen anderen geldwerten Vorteil, in diesem Fall eine Steuerbefreiung, in Anspruch nehmen konnte. Der einzige Unterschied: Das Verhalten christlicher Kassierer wird mit allerlei Wortkrämereien kaschiert. Im Übrigen wäre noch anzumerken, dass ein päpstliches Zinsverbot nicht nur den Geldgeber betraf, sondern selbstverständlich auch den Schuldner. Auch wer gegen Zins Geld nahm, hätte gegen das Gebot verstoßen. Wer sich dem Verbot formell unterwerfen wollte, setzte folglich ganz „schlau" die Freiwilligkeit des Kreditnehmers voraus.

Ähnlich wie heute noch beim „zinsfreien" Kredit im Islam üblich, bekam der Kreditnehmer dabei nicht den vollen Betrag ausbezahlt, da eine „freiwillige Gebühr" einbehalten wurde. Nach dem alten römischen Grundsatz „*ex nudo pacto, non oritur actio*" wurde die *Freiwilligkeit* des Geldnehmers stillschweigend vorausgesetzt und auf ein Klagerecht *verzichtet*. Einmal unterschrieben und zwar *vor* der Auszahlung wie sich versteht, ergab sich für den Schuldner nun mitunter ein ganz anderes Problem. Er konnte wesentlich weniger Geld ausbezahlt bekommen als mündlich vereinbart wurde. Bereits Plutarch (46-120) beklagte diese doch recht üble Praxis in Rom, da oft weit weniger ausbezahlt wurde, als zuvor verabredet. Im schlimmsten Fall bekam der Schuldner dann zwar ein zinsfreies Darlehen, aber *überhaupt nichts* ausbezahlt. Da er den Vertrag unterschrieben und sich zur Rückzahlung verpflichtet hatte, bestand für ihn nun ein sehr ernsthaftes und langwieriges Problem. Da solche Fälle keineswegs selten waren, erschließt sich im Umkehrschluss dann doch, warum sehr viele klamme Christen sich Geld bei ihren jüdischen Nachbarn leihen wollten. Nicht deshalb, weil sie dort endlich Geld gegen übertrieben hohe Zinsen ausleihen durften (was der Traum eines jeden Schuldners ist!), während ihre christlichen Genossen es ihnen angeblich ja 1:1 anbieten mussten.

Jüdische Geldverleiher konnte sich derlei Unpraktiken schlicht nicht leisten. In aller Regel wurden ihre Geschäfte vor ausreichend vielen Zeugen und brieflich beglaubigt. Sie zahlten aus, was sie vereinbart hatten. Von Ihresgleichen wurde die Schuldner aber oft genug massiv oder komplett betrogen. Daran änderten auch schwere Strafen gegen Betrüger nichts, denen Hände abgehackt, die geblendet oder aus der Stadt gebannt werden konnten. Da nun aber auch selbst Kleriker immer wieder das Zinsverbot des Papstes umgingen und sogar Messkelche und dergleichen jüdischen Pfandhändlern anboten, verboten die Reichsstädte ausdrücklich Pfänder aus Kirchen anzunehmen.

Dafür, dass Juden eine dominante Rolle im Geldgeschäft eingenommen haben sollen, ist es abschließend gesagt, doch eher ungewöhnlich, dass sie anders als beispielsweise im Viehhandel, wo grundlegende Begriffe wie Pferd, Hammel, Farren, Färse, etc. aus dem Hebräischen ins Deutsche gelangten, sie im Finanzwesen begrifflich keinerlei Spuren hinterlassen haben sollen. Stattdessen stammen fast alle wesentlichen modernen Bankbegriffe aus dem Lateinischen und Italienischen, angefangen von der Bank selbst, über die Bilanz (von *bilancia* = Waage), Konto, Brutto, Netto, Diskont, Skonto, Giro, den Lombardsatz, usw. bis zum Zins, dem nicht mal der deutsche „Wucher" standhalten konnte. Das hebräische Gegenstück zum Zins, der biblische „Bissen" (neschech) hat sich eigenartigerweise nicht durchsetzen können.

* * *

Als Fazit bleibt festzustellen, dass es im Mittelalter anders als gemeinhin behauptet, zwar auf der jüdischen Bibel beruhende kirchliche Verhaltensregeln, jedoch kein effektives gesetzliches Zinsverbot gab und entsprechend von Christen wie von Juden munter um ihre Pfunde gewuchert wurde. Da es heute weitgehend vergessen ist, muss immer wieder betont werden, dass „"Wucher" in der damaligen Zeit der gewöhnliche deutsche Begriff für den vom lateinischen *census* abgeleiteten Zins war. Es ist sicher einige Überlegungen wert, warum das lateinische Wort heute eher neutral, das einheimische deutsche aber eindeutig negativ konnotiert wird. Dies zu durchdenken und zu verstehen erklärt bereits eine Reihe von Faktoren.

Es gab in mittelalterlichen Geld- und Pfandgeschäften keine starren Regeln, jedoch vertragliche Vereinbarungen. Diese wurden meistens eingehalten und selten gebrochen. Wie heute gab es aber auch in früheren Zeiten Betrüger, Geldfälscher, Diebe und Lügner. Sie hatten jedoch damals keine bestimmte Haut- oder Haarfarbe, Vornamen, Religion oder Herkunft. Es gibt keinen plausiblen Grund anzunehmen, warum es unter jüdischen Geldhändlern nicht den einen oder anderen tückischen gegeben haben soll. Betrüger hatten in damals recht kleinen Städten aber einen nur recht kurzfristigen Vorteil, da es weder Anonymität noch dauerhafte Verstecke gab. Auch war ein Umzug in eine andere Stadt nicht ohne weiteres möglich, während Landleben in abseits gelegenen, meist von einer Kirche beherrschten Dörfern für Juden eher riskant war. Hier konnte allenfalls ein einzelner, kaum aber eine Familie Unterschlupf finden. Entsprechend misstrauisch war man gegenüber Fremden, so manches Mal sicher ganz zu recht.

Wie nun aber konnte eine allgemeine Praxis, Geld gegen Zugewinn zu verleihen, zu einem antijüdischen Klischee werden?

Jüdische Geldhändler waren ausreichend darauf bedacht ihre besten Kunden, und das waren Patrizier, Kaufleute aber auch Stadtherren, Vogte, Fürsten und Könige zuvorkommend und besser zu behandeln, als übrige Klienten, was sich in niedrigeren Zinsen und längeren Leihfristen ausdrückte. Auch konnte auf Pfänder verzichtet werden und bei Bedarf weitere Geldgeber in fremden Städten vermittelt werden. Handelte es sich um einen mächtigen Herrscher, tat man gut daran, auf kurzfristigen Profit zu verzichten und stattdessen die Option eines Fürsprechers zu haben. Diese sicherlich kluge und wohl auch (selbst)-verständliche Haltung brachte den jüdischen Kreditgebern den Neid von Predigern und Kirchenführern ein, die ohnehin schon damit zu kämpfen hatten, dass ihnen die Macht in den Städten immer mehr aus ihren Händen glitt.

Während anderswo sog. Hexen und Ketzer verfolgt wurden, verhalte zur selben Zeit in Reichsstädten wie Augsburg jeder kirchliche Einwand gegen die Errichtung teurer Prachtbrunnen, die *heidnische Götzen* wie „Neptun" (1537), „Merkur" oder „Herkules" und mit ihnen zahlreiche weitere „dämonische" Wesen darstellten und zu zentralen Anziehungspunkten des öffentlichen Lebens der Stadt erhoben. Auch die Zeiten, als Bischöfe zugleich auch Stadtherren waren, lagen in den meisten Gegenden weiter zurück. Die Bürger hatten sich nicht nur emanzipiert, sondern in vielen Fällen das

Regiment übernommen. Fanatische Prediger und Frömmler taten sich ihrerseits schwer, sich im gesellschaftlichen Leben zurechtzufinden, zumal immer wieder verkündete Heilserwartungen und Endzeitvisionen effektlos und sowohl Kriege, Missernten und auch Seuchen, zeitlich oder lokal begrenzt blieben. Auch Sonnenfinsternisse und Kometen gab es nicht jede Woche.

Die Dinge nahmen ihren Lauf und die Patrizier in den Städten lebten ein zunehmend luxuriöseres Leben, dass sie vom frömmelnden, ängstlichen Wunderglauben der neidischen Kleriker immer weiter entfernte. Wer nun aber als „Underdog" etwas bewegen wollte, konnte nicht Geld und Besitz als Merkmal seines Erfolges und seiner Glaubwürdigkeit anführen, sondern nur spartanisch auftreten und die Errungenschaften anderer gehässig anprangern. Das ist heute kaum anders, jedoch eher als Sozialneid definiert.

Da es sich bei den Stadtherren in der Regel nichts desto trotz aber auch um *Christen* und Kirchgänger, wenn nicht gar um Kirchenstifter handelte, musste der schädliche Einfluss auf sie aus einer *anderen* Quelle stammen. Auf der Basis christlicher Texte wie den Evangelien, wo Jesus zu den Juden sagt: υμεις εκ του πατρος του διαβολου εστε – „*ihr seid von eurem Vater dem Teufel*", bot es sich, sie als Feindbilder zu stilisieren.

Letztlich handelt es sich beim Neid auf die Juden um eine Art *Schneewittchen*-Komplex. Zwar herrschten die Christen in ganz Europa und als Kolonialherren weit darüber hinaus und sie hätten damit eigentlich zufrieden sein *können*. Wie die finstere Königin im Märchen, konnten viele es aber nicht ertragen, dass ein paar Juden, darunter auch Geldhändler und Pfandleiher offenbar einen besseren Ruf in der Allgemeinheit hatten und folglich beliebter waren. Vor krankhaften Neid geplagt stellten die christlichen Hassprediger deshalb den Juden mit jeder denkbaren Lüge nach und trachteten danach sie zu vertreiben und gar zu ermorden, ohne dass der "sprechende Spiegel" seine Meinung je änderte. Er zeigte nur das Gegenteil der Wirklichkeit.

Was genau ist nun eigentlich Antisemitismus?

Kurzerklärung:

Ein anderes Wort für *Judenhass*, Hass gegen und auf Juden und alles was „besonders" jüdisch erscheint oder sein soll.

Begriff:

Antisemitismus ist eine Worthülse, die bewusst in die Irre führen wollte und diesen Zweck noch immer erfüllt. Doch dazu müsste man erst klären, was „Semitismus" sein mag, gegen das manche nun unbedingt „anti" sein wollen.

Herkunft:

Europäische Sprachwissenschaftler des 19. Jahrhunderts, die zeittypisch auch nicht judenfreundlich waren, ersannen zur Bezeichnung einiger verwandter nahöstlicher Sprachen den Begriff der „semitischen" Sprachen.

Dies leiteten sie grundlos ab von „Sem" (hebräisch eigentlich: Schem), dem Sohn des Noah aus der Bibel, der berühmt wurde für seine „Arche". Dieser „Sem" hat natürlich *keine* eigene Sprache erfunden. Zweck der Einteilung war, „semitische" Sprachen abzugrenzen, etwa von „germanischen", „romanischen" oder „slawischen", wobei die Einteilung ebenso willkürlich ist wie die Benennung. Obwohl es zwischen Altgriechisch und Hebräisch viele Gemeinsamkeiten gibt, wurden beide Sprachen von den Gelehrten in unterschiedliche „Familien" klassifiziert und somit voneinander getrennt. Andererseits findet kaum ein Deutscher nennenswerte Ähnlichkeiten zum „urgermanischen" Isländisch, in dem die Edda geschrieben wurde. *„Einræðisherrann lét þjóðina dýrka sig"* etwa würde heißen *„der Diktator ließ sich vom Volk bejubeln"*.

Zu den „semitischen" Sprachen gehören auch *Maltesisch*, *Arabisch* oder das äthiopische *Amharisch*, nicht aber das dem Deutschen mitunter sehr ähnliche „germanische" *Jiddisch*, dem deshalb bis vor wenigen Jahrzehnten von der Mehrzahl der Gelehrten der Status einer eigenständigen Sprache zwingend abgesprochen werden musste. Wer die überwiegend jiddisch oder deutschsprechenden Juden Mittel- und Osteuropas ablehnte, hätte sich demnach dann auch eher als „Anti-Germane" bezeichnen müssen. ☺

Absicht:

Dieser scheinbar „wissenschaftliche" Ansatz, der sich um 1780 zuerst bei *August Schlözer* (1735-1808) findet, erlaubte es, Juden *abseits der Religion* zu „etikettieren". Bald fand die Vokabel so auch Einzug bei *Biologen* und *Philosophen*, die über spezifische *körperliche Merkmale* der „Semiten" fabulierten. Schon bei *Georg Hegel* (1770-1831), einem glühenden Judenhasser wurde daraus um 1800 ein *„jüdischer Geist"*, der zwar, noch religiös angehaucht *„Dämonisches"* und *„Hass"* repräsentierte, aber auch bereits eine Art *„tierisches Dasein"* bewirkte, das sich nicht *„mit der schöneren Form der Menschheit"* vertrug, nämlich mit den „Nichtjuden". Der Rest ist bekanntlich ... *Geschichte*.

Auf Hegel berief sich auch der christlich getaufte *Karl Marx* (1818-1883), der seinerseits mittelalterliche Geld-Klischees beisteuerte: *„Der Wechsel ist der wirkliche Gott des Juden"*. Der zuvor religiös legitime Hass auf „die Juden" wich damit jedoch zusehends einer *davon unabhängigen Form*. Von religiösen Judenhassern trennt sie nur die von ihnen eingeräumte Möglichkeit des *Übertritts zum Christentum*. Ein Übertritt vom Judentum zum rassischen Antisemitismus war freilich nicht möglich, obwohl es nachweisbar einige Fälle von deutschnationalen Juden gab, die genau das tun wollten. Vergeblich.

Anwendung:

Bereits 1865 definierte das Preußische Staatslexikon das Stichwort „antisemitisch" als *„gegen das typisch Jüdische gerichtet"*, jedoch ohne anzugeben, *was* das nun andererseits sein sollte. Knapp zwanzig Jahre später fanden sich Vereine der „Antisemitismus-Liga" (Marr), deren Mitglieder sich damals in der Regel *mit beträchtlichem Stolz* „Antisemiten" nannten, antisemitische Parteien gründeten und als ein-Themen-Parteien sogar noch eine Reihe von Abgeordneten im Deutschen Reichstag hatten. Alle bekannten Slogans die später von den Nazis verwendet wurden, wie *"Die Juden sind unser Unglück"* waren in diesen Kreisen gängig und wurden *Jahrzehnte vor Hitler* & Co. lautstark propagiert.

Entwertung des Begriffs:

Nach Auschwitz ist dieser Stolz verflogen. *Komplett.* Kein Judenhasser möchte sich noch als „Antisemit" bekennen oder als solcher identifiziert werden, auch nicht wenn es Beifall aus arabischen Ländern geben mag, da dies vom öffentlichen Renommee her etwa dem eines Kinderschänders ähnelt. Zumindest ist dies in christlichen Ländern so.

In islamischen Ländern gehören antisemitische Stereotypen auf dem Niveau der Nazi-Postille „Stürmer" auch 2017 durchaus zum *alltäglichen* Beiwerk. Da dies weltweit aber *nicht wirklich* gut ankommt, beschränkt sich dies mitunter auf Darstellungen in der Landessprache, etwa auf Arabisch oder Persisch.

Umdeutung:

Da der Antisemitismus offenkundig in einer *Sinnkrise* steckt, haben heutige Judenhasser es zugegeben schwerer als ihre Vorgänger. Da weder religiöse noch rassistische Stereotype gegenüber Juden in säkularen, offenen und pluralistischen Gesellschaften besonderen Anklang finden können, müssen Judenhasser anders argumentieren. Eine Variante ist es, die „Macht" der *„Heuschrecken"*, der *„Spekulanten"*, der „Banken" und „Großkonzerne" zu verschreien und darauf zu spekulieren, dass die landläufigen stereotypen Finanzklischees der „reichen, gierigen" Juden von selbst ausreichen, um die entsprechende Assoziation zu wecken. Das klappt aber auch in Zeiten der Banken-Proteste nicht immer und muss deshalb meist bei bloßen Andeutung bleiben: ein paar Familien die die Welt unter sich aufteilen, etc. worüber man ja *nicht offen reden* dürfe usw.

Eine weitere, modernere Umdeutung des Begriffs basiert auf der benebelten Behauptung, dass der Hass von Palästinensern und anderen Arabern schon deshalb kein Antisemitismus sein könne, da sie ja selbst Semiten seien. Da Sprachwissenschaftler des 19. Jahrhunderts, wie vorhin bereits erwähnt, Arabisch und Hebräisch zusammen mit einigen anderen Sprachen in eine Sprachfamilie gruppierten, erscheint das Argument vordergründig schlüssig. Tatsächlich ist es Unfug, so etwas zu behaupten, da weder Araber noch Juden „Semiten" sind, was schon daran liegt, dass es für sich genommen keine Semiten *gibt*. Wenn dann müsste man schon Araber und Hebräer nebeneinandersetzen, oder Juden und Muslime. Aber sowohl Juden als auch Muslime sprechen eine Vielzahl ganz unterschiedlicher Muttersprachen. Und was wichtiger ist, die Vorstellung früherer, von rassistischen Ideen geprägte „Wissenschaftler", dass mit dem Sprechen bestimmter Sprachen auch gewisse, „eindeutige" körperlich-geistige und *moralische* Eigenschaften der Sprecher einhergingen, ist, auch wenn sie in vielen Köpfen noch immer mehr oder minder „präsent" sind, doch absurd. Schließlich und endlich wurde der Begriff des Antisemitismus historisch immer und *ausschließlich gegen Juden*, nie aber gegen Araber, Malteser oder gar Äthiopier benutzt. Der Versuch, Palästinenser zu „Semiten" zu erklären, um deren Hass gegen Juden vom Vorwurf des Antisemitismus zu befreien, greift nicht. Auch weil die Absicht klar ist.

Jude trinkt das Blut gefangener kranker Araber: Palästinensische Karikatur

Erfolgsrezept:

Viel einfacher und müheloser ist es jedoch „*Kritik an Israel zu üben*". Da kein anderes Land und seine Konflikte in der Weltöffentlichkeit über Jahre und Jahrzehnte hinweg weit überproportional thematisiert werden, ist diese Kritik zwar überall Gang und gäbe, wird aber trotzdem von vielen als „Tabubruch" empfunden. Das muss ja „erlaubt" sein, ohne dass man als Antisemit „verunglimpft" wird. Erlaubt ist es, aber *auch Kritiker unterliegen der Kritik.*

Durch die Jahrtausende vergoß der Jud, geheimem Ritus folgend, Menschenblut
Der Teufel sitzt uns heute noch im Nacken, es liegt an Euch die Teufelsbrut zu packen

Jüdische Blutsauger im „Stürmer"

Realität:

„Der" Nahostkonflikt ist nicht der einzige, was in den letzten Jahren auch der Blindeste verstanden haben dürfte. Kriege zwischen Iran und Irak, um Kuwait, in Afghanistan, nochmal im Irak, blutiger Terror dort zwischen Schiiten und Sunniten, Umstürze in Tunesien und Ägypten, Krieg mit NATO-Beteiligung in Libyen, Massaker in Syrien, und was noch alles lassen selbst die militärischen Auseinandersetzungen zwischen Hamas und

Israel harmlos erscheinen. Die Zahl der Getöteten in Syrien in den seit einem Jahr anhaltenden „Unruhen" wird von der UN (Stand Januar 2017) auf „etwa 300.000" geschätzt, während in diesen Tagen immer neue Massaker mit täglich 50, 80 oder 100 Toten gemeldet werden. Internationale Menschenrechtsorganisationen gehen von „wesentlich höheren" Zahlen aus. Im libyschen Bürgerkrieg sind 2011 nach Angaben der neuen Regierung mehr als 30.000 Menschen getötet und weitere 20.000 schwer verletzt worden. Etwa dieselbe Anzahl von Opfern hatte der türkisch-kurdische Konflikt allein in der Zeit von 1984-1994. Im Krieg zwischen Irak und Iran (1980-1988) gab es über eine Million Tote. Der russische Afghanistan-Krieg kostete fast zwei Millionen Menschen das Leben. Fast ebenso viele Menschen starben in den Kriegen im Sudan, incl. des Genozids arabischer an schwarzen Muslimen in Darfur. In Ruanda wurden 1994 in wenigen Wochen fast 900.000 Menschen getötet.

Die Zahl aller Getöteten in Auseinandersetzungen zwischen Israel und allen seinen arabischen Kriegsgegnern, auf allen Seiten, inklusive Terror- und Vergeltungsschlägen, Kämpfen zwischen Hamas und Fatah, Hinrichtungen, etc. beläuft sich in 60 Jahren seit 1950 auf rund _50.000_. Im selben Zeitraum starben bei bewaffneten, politisch motivierten Konflikten weltweit etwa _85 Millionen_ Menschen. Der Anteil der Getöteten in den israelisch-arabischen Kriegen beträgt demnach 0, 05 % der weltweiten Kriegs- und Terroropfer, während der Anteil der israelischen und palästinensischen Bevölkerung mit zusammen etwa 13 Millionen von 7 Milliarden Menschen derzeit annähernd 0,2 % entspricht. Rein statistisch müsste demnach also die Anzahl der Todesopfer dieses weit überproportional beachteten Konflikts eigentlich *viermal so hoch* sein.

Wen interessiert's?

Es ist angesichts der tatsächlichen Opferzahlen also *keineswegs* zwingend angebracht, „den" Nahostkonflikt in den Mittelpunkt des *eigenen* Interesses zu stellen, außer man ist *zufällig* tatsächlich Palästinenser oder Israeli. Andernfalls ist es eben *nicht* naheliegend, sondern erklärt sich aus der psychischen Situation und Sozialisation des Einzelnen.

Methode:

Warum ist es ihnen so wichtig, zum einem „Kritik an Israel" zu *üben*, zum anderen aber, Wert darauf zu legen, nicht als *Antisemit* zu gelten? Nur Antisemiten haben das Bedürfnis sich gegenseitig vom oft noch nicht mal erhobenen Vorwurf des Antisemitismus frei zu sprechen.

Allgemein gilt: Jeder „Kritiker" macht sich selbst zum Gegenstand der Kritik. Wer an einer offenen Auseinandersetzung interessiert ist, setzt das voraus und weiß, dass er ebenso hinterfragt werden wird und muss wie der Gegenstand seiner Kritik. Wer aber kritisieren will, ohne selbst kritisiert werden zu dürfen, ist nur ein *verbaler Heckenschütze*, der *feige* eben mal aus dem Versteck auf die Menge schießen will, um sich hernach zu räuspern oder die Brille zurechtzurücken, wenn dafür nicht spontaner Applaus aufbrandet. War ja nicht *so* gemeint. Nein, nein …

Wer selbst *nicht* hinterfragt werden will, soll *schweigen*. Man kann sich auch über was *Anderes* aufregen und dafür breite Zustimmung erhalten, etwa übers Wetter, über Fußball-Ergebnisse, über den Lärm, das Fernsehprogramm, oder die *eigene* Regierung.

Kritik „an Israel":

Schon die oft gebrauchte Formulierung „Kritik an Israel" ist *kolossal pauschal*. Denn *so* formuliert klingt es danach, als ob schon die Existenz Israels als Problem aufgefasst wird. Wer so argumentiert *ist* wohl ein Antisemit. Weil es oft so auch gar nicht gemeint ist, zumindest nicht bewusst, spricht man wohl auch vom "Kritik *üben*". Und "*Übung macht den Meister*". Irgendwann mal, oder auch nicht.

Nun denn: Selbstverständlich kann man Kritik an der Politik der israelischen Regierung üben. Offen gesagt werden Antisemiten faktisch aber wohl *jede* israelische Regierung gleichfalls kritisieren. Daran ändert auch nichts, dass manche posthum *Jitzchak Rabin* glorifizieren. Als Rabin im Dezember 1992 die Zahl von 415 Hamas-Aktivisten in den (damals von den internationalen Medien als „Niemandsland" bezeichnet) Südlibanon abschieben ließ, wurde dies in Europa von einigen „Kritikern" mit den Deportationszügen des Dritten Reichs verglichen und Rabin mit Hitler. Da *jede* israelische Regierung die Sicherheit des *eigenen* Staates zu schützen hat, wird jede Regierung seitens der „Kritiker" gescholten werden. Damit erledigt sich auch die inzwischen manchmal nachgereichte Formel, man lehne nicht Israel als Staat ab und habe auch nichts gegen die Bevölkerung, sondern kritisiere "nur" die Regierung, also "nur" die (überwiegende) Mehrheit der Bevölkerung. Daran ändert sich auch nichts, wenn Israel-Kritiker sich auf ein paar Israelis berufen können, deren Standpunkte sie zitieren, um ... um Himmels willen, bloß nicht als Antisemit da zu stehen. Alles nur das nicht! Diejenigen auf die sie sich berufen sind eine kleine, extreme Minderheit, die es in allen Ländern gibt. Auch in Deutschland gibt es Leute, die den eigenen Staat am liebsten abschaffen wollen, ihm nur finsterste Motive unterstellen. Aber wer wollte, dass man Deutschland international nur aus ihrer Sicht wahrnimmt? Das käme jedem absurd vor, aber in Bezug auf Israel wäre es gerade recht, hm ...?

Von der Vokabel "Anti-Zionismus" zu reden hilft Antisemiten auch nichts. Da es die Eigenstaatlichkeit des jüdischen Volkes ablehnt, ist es keineswegs *harmloser* als ein antisemitisches Ressentiment gegenüber einer einzelnen Person oder kleinen Gruppe. Vielmehr handelt es sich beim sog. Antizionismus eher eine *Steigerung* des gewöhnlichen Hasses auf Juden.

Cui bono?

Wem nützt es? In der Regel werden sich „Kritiker" nicht für israelische Wirtschafts-, Gesundheits-, Arbeitsmarkt- oder Sportpolitik und dergleichen interessieren, außer etwas verbindet die Thematik mit „den Palästinensern". Welchen seiner zahlreichen Kritiker interessiert es, dass Israel mit einer Quote von 16 % einen der niedrigsten Mehrwertsteuersätze im internationalen Vergleich (Deutschland 19 %) hat oder eine aktuelle Arbeitslosenquote von 6.4 % und dergleichen? Der "kritische" Blick auf Israel ist in der Regel ein *palästinensischer*. Bei Palästinensern macht das Sinn. Bei Deutschen ist das gelinde gesagt *eigenartig*. Wer aber in einem Konflikt Israels mit dessen Feinden offen die Partei von Israels Gegnern ergreift, ist kein Freund Israels, sondern eben das Gegenteil davon. Und da gibt es eben eine alte und lange Tradition, ob man das wahrhaben will oder nicht. Ist eben nun mal *so*.

Antisemiten *sind* Judenhasser und sie erkennt man so nun auch daran, dass sie sich meist tatsächlich anhören wie die erklärten Feinde Israels. Sie vertreten deren Standpunkte und Interessen. Häufig benutzen sie deren Propaganda und Vokabular und *dämonisieren* das demokratische Israel und unterstellen ihm beispielsweise *Methoden und Ziele* des deutschen Nazi-Regimes. Israel-Kritiker neigen also sehr deutlich dazu Israel aus der Sicht seiner Tod-Feinde zu sehen und argumentieren entsprechend.

Und trotzdem, sie gaukeln – mehr sich als anderen – vor, neutrale Mittler zu sein oder gar im Interesse Israel, seiner Bevölkerung und zukünftigen Existenz – deren „Berechtigung" im Gegensatz zur eigenen stets betont wird – zu sprechen, was natürlich nur in seltenen Ausnahmefällen der Fall ist.

Wer einseitig die Standpunkte des eigenen Gegners übernimmt, was niemand von einem "Freund" annimmt, weil dafür ja Feinde da sind, kann nicht erwarten ernst genommen zu werden.

Gibt es eine berechtigte Kritik?

Kritik ist *immer* legitim, aber längst nicht immer *nützlich*, vor allem aber *niemals zweckfrei*. Jeder Kritiker hat – ob bewusst oder nicht – seine *eigenen* Motive und Interessen, seine Ideale und Kriterien. Das trifft auch auf die eigenen heimischen Medien zu. Wer ohne Sprach- und Ortskenntnis Ferndiagnosen erstellt, muss zwar kein Antisemit sein, aber auch nicht ernst genommen werden.

Im internationalen Vergleich gibt es jedoch wenig objektive Gründe, die israelische Politik gegenüber „den Palästinensern" zu kritisieren. Israel ist ein *souveräner*

Mitgliedstaat der Vereinten Nationen und hat fast alle 1967 besetzten Gebiete wieder geräumt. Fast alle Palästinenser leben unter der Herrschaft ihrer – freilich rivalisierenden – Autonomieregierungen in Ramalla und Gaza. Davon können Tibeter und andere nur träumen, den Support von „China-Kritikern" bekommen sie sicher nicht. Notleidende in Katastrophen- oder Hungergebieten wie auf Haiti bekommen seitens internationaler Organisationen (UN, UNRA, EU, etc.) nur einen Bruchteil der Unterstützung die palästinensische „Flüchtlinge" (die eigentlich seit Jahrzehnten in soliden Häusern wohnen). Einen Zaun gibt es auch an der Grenze zwischen den USA und Mexiko, wie jeder weiß, der schon mal in San Diego war. Und wer Nachrichten hört, weiß, dass es dort – wegen Drogenbanden – anders als zwischen Israelis und Palästinensern Todesfälle gibt, oft mehrmals täglich. Der israelische Sicherheitszaun hingegen senkte die Zahl von Terroranschlägen in Israel faktisch auf null und erfüllt seinen Zweck. Über den genauen Verlauf kann man diskutieren, ebenso über die eine oder andere Siedlung – freilich sachlich und Ortskenntnis vorausgesetzt.

Zweifellos ist nicht jeder Einsatzbefehl israelischer Politiker und Militärs der Weisheit letzter Schluss und im Nachhinein ist man oft ein wenig klüger, aber Israels Politik hat israelischen Interessen zu dienen, nicht anderen. Israel ist mit seiner Politik gut gefahren trotz aller

Anfeindungen tatsächlicher Feinde und selbsternannter Kritiker.

Ist nun jede Kritik an Israel antisemitisch?

Man tut *niemanden* großes Unrecht an, wenn man im Zweifelsfall die Frage bis zur weiteren Klärung mit einem

möglichen Ja

beantwortet.

Ist das schlimm? Nein. Wer kein Antisemit ist, wird sich darüber auch nicht echauffieren wollen. Wer erschrickt auch schon wenn „haltet den Dieb" gerufen wird?

Heydrich's Erben

„Besehn di Erijen ... und na - di Tschudden. Ahhh di Tschudden! Un di Schtriff de Sauerkraut mit di Tschudden! All di flutzen Sekt ... Hail Hitler!!!! Mit di Tschudden ... eeeh de Fluttensack de Gleten, un de schtrenglische mit di Flutten, sagt der Blitzen, sagt de Eben! ... Besik!!! Besak!!! Di Tschudden, oooh die Tschudden!"

(Charlie Chaplin als Diktator *Adenoid Hynkel* über „die Juden")

Da auf einen Juden (von denen die allermeisten nicht mal „religiös" im engeren Sinne sind) in Deutschland rund tausend sog. „Nichtjuden" kommen, kommt man als Deutscher, abseits von Holocaust-Gedenkstätten und Anti-Israel-Demos, ungeliebten TV- oder Schulbeiträgen kaum in die Nähe von Juden oder zumindest „etwas Jüdischem", vielleicht am Ehesten noch beim Besuch eines Museums. Freilich sind die Betreiber jüdischer Museen in aller Regel keine Juden, ganz so wie Geisterbahnen nicht von Geistern betrieben werden.

Die Menge der ausgestellten „Ritualgegenstände" mag zwar sogar den Anschein erwecken, *als ob*, aber ein Museum ist eben doch keine Synagoge. Selbst dann nicht, wenn eine reale, durchaus intakte Synagoge als

„wichtigstes Ausstellungsstück" des Museums betrachtet wird, dann *erst recht nicht*.

Ganz im Gegenteil werden Museen allgemein ausdrücklich als „profane" Räume präsentiert, als Begegnungsstätten, in der man die Vergangenheit besucht, ganz gleich, ob der Gegenstand oder das Thema des Museums sonst wo noch in irgendeiner Weise existiert. So unterscheidet sich ein Automobilmuseum von einem Autohaus in der Auswahl und von der Präsentation seiner Objekte. Hier die neueste technische Errungenschaft, der die Zukunft gehören soll da das prominente, seltene, teure Stück von Anno dazumal, dass durch glückliche Umstände erhalten geblieben ist und Aufschluss darüber gibt, wie „es" früher einmal *war*. Man kann in Museen lernen, womit unsere Urgroßeltern als Kinder gespielt haben und es mit dem vergleichen, was wir unseren Kindern und Enkeln kaufen sollen, damit sie von ihren Freunden geachtet werden. Und dergleichen mehr. Mit einem Museum betritt man immer einer mehr oder minder systematischen Interpretation einer abseits davon, wie und wo auch immer, womöglich noch praktizierten Technik oder Tradition.

Das jüdische Museum ist dementsprechend ein Ort an dem man „das Judentum" besucht, bzw. das was davon übriggeblieben scheint. Juden, die entweder nie oder nur in Ansätzen entsprechend der jüdischen Sitten erzogen wurden und denen „das alles" für den Alltag viel zu unbequem und lästig ist, können hier ein paar Überbleibsel in Augenschein nehmen. Sicher fällt dem einem oder anderem dazu noch eine lustige oder traurige Anekdote ein. Etwa die Geschichte von Opa Josef und der Hawdalla-Kerze, von Tante Fannys Matzentorte oder vom alten Kantor und seiner ... ach, das ist alles schon so lange her.

Die Mehrzahl der Besucher dürften aber sog. „Nicht-Juden" sein, die solche Notbehelfe gar nicht benötigen. Sie sind vielmehr damit beschäftigt, das Dargestellte im Kopf zu sortieren. Einiges erinnert doch an Bräuche, die man vom Christentum, vom Islam oder vom Fernsehen her kennt, nicht zu vergessen, noch geläufige antisemitische Klischees: Ritualmorde, Wucher, Beschneidungsängste.

Wie dem auch sei, das jüdische Museum dient als *Standort der Kultur*, an dem man sich etwas „jüdisch fühlen" kann, in dem Maße, was man für 3 Euro 50 eben bekommt. Dabei ersetzt das Museum die Synagoge in der Weise wie die Fernsehübertragung den *(eigenen)* Sport. Oft machen Ausstellungen auch gezielt vor trivialen Bezügen nicht halt, was im Übrigen weder schlimm noch der Rede wert ist, wären da nicht die langen Schatten des „Holocaust" und des „Nahostkonflikts". Wo immer es sich vermeiden lässt, fixiert und zentriert sich ein jüdisches Museum darauf eben *nicht*, sehr zum Missfallen mancher Besucher, die es mitunter irritiert Juden wahrzunehmen, ohne sie damit zu verknüpfen, zu kategorisieren. Da dies aber sowieso ohnehin mehr oder minder von allen *mitgedacht* wird, kann man es als vorausgesetztes Grundwissen weitgehend aussparen, oder bei Andeutungen belassen. Manche Kritiker argwöhnen aber, dass die „Holocaust-Brille" immer auch die Mörder impliziert, diese also auch unausgesprochen thematisiert, Assoziationen oder noch schlimmer: *Neugier* in diese Richtung wecken könnte. Das könnte aber schon wieder Sponsoren abschrecken und das wäre äußerst *unprofessionell*. Folglich überlässt man diese Perspektive auch besser Gedenkstätten, für deren Unterhalt sowieso der Staat aufkommt.

Jüdische Museen in Deutschland verkörpern zwar keine Quadratur des Kreises, aber im Grunde kommen sie dann doch wenigstens der Umkreisung eines Quadrats recht nahe. Man läuft außen herum und vermeidet mit den Ecken in Kontakt zu kommen. Das hat viel mit der Grundidee des Jüdischen Museums zu tun, die konzeptionell ursprünglich nicht darauf angelegt war, den Massenmord an den Juden zu thematisieren, sondern das kultische Leben der Juden, ihre Traditionen und Leistungen. Im Naturkundemuseum gibt es schließlich auch keine Wursttheke.

* * *

Ansätze zu Judaica-Sammlungen finden sich mit der Herausbildung eines jüdischen Bürgertums. Wie das christliche Bürgertum entstand auch die jüdische Zivilgesellschaft im Laufe des 19. Jahrhunderts, hierarchisch absteigend von oben nach unten. Irgendwann wurde es eben Mode, kostbares Besteck, Leuchter, Becher oder Geschirr in die Wohnzimmer-Vitrine zu stellen. Von da sind es nur zwei Meter bis zur Ausstellung für ein ausgesuchtes, dann allgemeineres, ggf. auch zahlendes Publikum.

Zum ersten Mal umgesetzt wurde die Idee einer öffentlichen Judaika-Sammlung 1895 in Wien, die den meisten Zeitgenossen aber freilich völlig unbekannt blieb. Erst als sie 1913 neue Räume bezog, hatte sie etwas, aber immer noch keine allgemeine Aufmerksamkeit. Die Idee, sich ausgemusterte Gegenstände aus Wiener Synagogen oder Haushalten anzusehen war, als man jederzeit noch in eine Anzahl von Synagogen gehen konnte, auch eher etwas für Spezialisten. Dass solche Sammlungen irgendwann einmal den Besuch der Synagoge ersetzen, ja *wettmachen* sollten, kam noch nicht mal den jüdischen Pessimisten in den Sinn, an denen es damals in Wien tatsächlich wirklich nicht mangelte. Sie bemerkten die Existenz solcher Sammlungen gar nicht. Sie waren kein Thema. Selbst Karl Kraus fiel dazu nur ein, dass keine Grenze so sehr zum Schmuggeln verleite, als die Altersgrenze.

In Prag richtete der Historiker *Hugo Lieben* bereits 1906 in Zusammenarbeit mit den jüdischen Gemeinden vor Ort eine Sammlung alter und wertvoller Objekte aus den Beständen der alten Synagogen der Stadt ein. Zusammen kam eine durchaus ansehnliche Sammlung mit alten Schriften, Büchern, Leuchtern, Kelchen, Tellern, Messern, Gewändern, Stempeln, und dergleichen. Rasante technische Entwicklungen wie Elektrizität, Photo- und Telegraphie hatten ganz allgemein zu einem neuen Bewusstsein und kulturellen Verständnis geführt. In früheren Zeiten hatte man unbrauchbar gewordene Gegenstände eingeschmolzen, um aus dem Metall neue Stück zu fertigen, während man defekte Gebetbücher, Torarollen und dergleichen, in der „Genisa" am Dachboden zwischenlagerte, eher man sie in größeren Mengen und regelmäßigen Abständen am Friedhof vergrub. Da der funktionale Aspekt im Blickpunkt stand und nichts abgewetztes ohne Ersatz blieb, hatte das weiter keine Bedeutung. Wir denken heute auch nicht daran, dass unsere Nachkommen in hundert Jahren uns Altpapier ausstellen würden, um daraus Schlüsse zu ziehen.

Liebens Sammlung war noch kein Museum im modernen Sinn, sondern eher ein historisches Gemeinde-Archiv, welches sich im Wesentlichen auf eigene, sprich heimische, Prager, allenfalls böhmische Kreationen beschränkte. Die Sammlung sollte bei Bedarf dem Forschenden über vormals gebräuchliche Formen Aufschluss geben können. Eine allgemeine Erläuterung des „Judentums" an Hand dieser Gegenstände war nicht angedacht und brauchte es auch nicht. Da selbst im Alltag säkularer Juden, auch dann, wenn sie manchem lästig erschienen, jüdische Gebräuche noch bestens verankert waren und keiner „Erklärung" bedurften.

Mit der Besetzung der Tschechei, fiel die Prager Judaika-Sammlung jedoch ausgerechnet in die Hände der *Deutschtümler*, deren Hasspropaganda gegen alles „Jüdische" wenig Fragen offenließ. Schon in der berüchtigten Reichskristallnacht zerstörten die Nazis keineswegs wahllos was sie vorfanden. Es gab stattdessen die Anweisung alle Gemeindebücher, insbesondere auch Standesregister der Kultusgemeinden zu beschlagnahmen und an das Reichssippenamt zu überstellen. Dort wurden die Daten für die Ahnenforschung ausgewertet und mancher überzeugte Nazi wurde böse überrascht, weil man einen jüdischen Großelternteil fand oder im Rahmen von Intrigen ggf. auch erfand. Es gab Erpressungen, Morde, Selbstmorde. Das volle Programm. In der Regel war mit einem noch so dünnen „J" in der Ahnengalerie der Weg auf die oberen Sprossen der Karriereleitern verbaut.

Wie ungemein bedeutsam die Auswertung der geklauten jüdischen Akten war, kann man daran erkennen, dass noch in den letzten Wochen des Krieges im Frühjahr 1945, als Berlin bereits eingekesselt war und selbst Hitler und seine engsten Getreuen in ihren stickigen Bunkern Tageslicht nur noch aus fernen Erinnerungen kannten, die beauftragten Spezialisten des Reichssippenamtes (RSA) noch immer unentwegt von früh bis spät daran arbeiteten, die jüdischen Standesregister Seite für Seite auf Spezialfilmen abzufotografieren: jüdische Geburten, Hochzeiten, Todesfälle von früher und noch früher. Minutiös protokolliert mit Angabe aller Einzelheiten wie Film-Typ, Art der Akte, eigener Signatur und natürlich auch datiert, weshalb man das nun auch weiß, auf den Tag genau, bis zum Ende des Krieges, als das großdeutsche Reich schon fast vollständig von ausländischen Soldaten überrannt und besetzt war, Hitler und viele andere Provinzführer sich schon ermordet hatten.

So gesehen ist es auch keine stilistische Besonderheit, dass unter den Weisungen von *Reinhard Heydrich* und *Adolf Eichmann* nun auch die „Idee" entstand, eine *zentrale Einrichtung* zu schaffen, mit dem Zweck

das Judentum als solches

darzustellen. Analog zur Auswertung der Standesregister und zu den medizinischen Experimenten von Mengele und Co. ging es auch hier um *Feindforschung*, darum, Methoden und vor allem auch die „Erfolgsgeheimnisse" der Juden zu studieren, ihnen durch Sektion und Befund auf die Schliche zu kommen. Störend war dabei der letztlich nur lokale, damit provinzielle (bloß böhmische) Charakter der Prager Sammlung. Demgemäß erfolgte die Anweisung, die Ausstellung mit Stücken aus anderen (überfallenen und geplünderten) jüdischen Gemeinden erheblich auszubauen.

Jüdische Wissenschaftler und Repräsentanten der Gemeinde wurden unter die Aufsicht der SS gestellt und mit fachlichem Beistand gesinnungstreuer christlicher Theologen, genötigt, „systematische" Ordnungen und schließlich auch Ausstellungen über Brauchtum und Geschichte der Juden einzurichten. Bald waren mehrere Dutzend Personen damit beschäftigt, Register für über 100.000 Exponate anzulegen und Kategorien zu schaffen. Im April 1943 wurde das *„Jüdische Zentralmuseum"* sodann als *„Museum einer untergegangenen Rasse"* (MUR) eröffnet. Der Titel der Eröffnungs-Ausstellung ist programmatisch wie pragmatisch und ist/wäre – wenn man sich „die Nazis" mal wegdenkt – ohne weiteres auch heute noch zu finden: *„Jüdisches Leben von der Wiege bis zum Grab"*. Für die Öffentlichkeit war auch das nicht gedacht und tatsächlich hatten die Deutschen zwei Monate nach der Niederlage bei Stalingrad – wenig überraschend – wirklich ganz andere Sorgen, als sich Beschneidungsmesser und bestickte

Toravorhänge anzusehen. Trotzdem nahm die grundsätzliche, heute noch geläufige Idee, das Wesen des „Judentums" mittels kategorisierter „Ritualgegenstände" darzustellen – und zwar *ohne* zur Ausübung des Ausgestellten anzuhalten, in diesem SS-Museum ihren Normen setzenden Weg auf.

Die Kapitelüberschrift „Heydrichs Erben" lässt sich sicher missverstehen, so als ob das heutige jüdische Museen das „MUR" fortsetzte. Das wäre leicht als „abwegig" zu entkräften, schon, weil es Juden und Judentum noch heute gibt. Und das dem so ist, ist nicht das Verdienst der damaligen Ideologen und Macher, auch nicht das heutiger Museologen. Dass ein Museum prinzipiell unfähig ist, reales Leben abzubilden, ist mehr oder minder eine Binsenweisheit und als Hindernis Museumswissenschaftlern und Pädagogen längst bekannt. Immer umfangreicher werden in den letzten Jahren deshalb Mitmach-Angebote, bei denen gerade Kinder etwas *machen* oder *anfassen* können, oder sog. Multimedia-Installationen, bei welchen Filme, Animationen und dergleichen zusätzliche Betrachtungsweisen in die Ausstellung integrieren. All dies geschieht, um den zuvor statischen musealen Begriff etwas aufzulockern. Die oben vorausgesetzte Annahme ist deshalb allenfalls in diesem Kontext „falsch", ansonsten aber konzeptionell ganz zutreffend. Dies aufzuzeigen ist sachlich möglich. Voraussetzung dafür ist es aber, die zugrundeliegenden

Begriffe in ihrer wortgeschichtlichen Bedeutung zu verstehen und ergo zunächst einmal zu beleuchten.

Betrachten wir, weil es um das Judentum geht, dessen Grundlagen zuerst: Der vielleicht wesentlichste Standpunkt des Musealen an sich, das Bewahren, nimmt im althergebrachten Judentum, wenngleich es dort *ganz anders* verstanden wird, mehr als nur einen so oder so großen Raum ein, es definiert ihn. *Erinnerung* ist die methodische Grundlage *jeder* jüdischen Überlieferung. Ihre wichtigsten Praktiken sind seit alters her das Aufschreiben und Lesen. *Deshalb* entstanden bereits die Tafeln des Ewigen Bundes, die als Zentrum des Stiftszeltes und später des Tempels das Allerheiligste ausmachten. Im Laufe der weiteren Verschriftlichung folgten Tora, Psalmen, Propheten, die Bibel, der Talmud, Gebetbücher, Kommentare, Grabsteine, Erklärungen und Auslegungen der Erklärungen und Auslegungen der Erklärungen, von Generation zu Generation, bis zu heutigen Talmud-Apps, ohne Ende.

Um das zivilisatorisch grundlegende Denken und Gedenken zu trainieren, befiehlt das Gesetz der Tora sogar, sich bestimmte Abschnitte aus der Tora selbst als *Zeichen* (לאות) am *Arm* und zur *Erinnerung* (לזכרון) an der *Stirn* zu binden. An den eigenen Körper also. Damit ist es unmittelbar, denn was man sich und das gleich doppelt an *sich selbst* bindet, wird man wohl im Alltag in Erinnerung behalten. Mindestens so, wie das Tragen der

Armbanduhr einen an „die Zeit" gewöhnt und bindet. Die Kapseln mit den Texten heißen „*Tfilin*" (תפילין, aramäisch: *Gebete*). Der Name ist zutreffend, da es sich tatsächlich um Gebetstexte handelt. Gemeint sind aber die kleinen schwarzen Boxen, in welchen die Gebete angeordnet und *verschlossen* werden. Akademiker benutzen statt „T'filin" auch das griechische φυλακτήριον (filakterion), was jedoch irreführend ist, da der Begriff „magische" Amulette bezeichnet. Geläufig ist auch der ebenfalls eher eigenartige Begriff der „*Gebetskapseln*", die fast an Raumschiffe denken lassen, vielleicht an Pillen, die fromm machen. Der Mönch *Martin Luther* (1483-1546) wählte, zur deutschen Übersetzung durchaus passender den Begriff „*Denkzettel*" und genau davon leitet sich auch die noch immer allgemein bekannte Redensart ab, jemanden „*einen Denkzettel verpassen*", die inzwischen aber eine etwas andere Bedeutung annahm.

Eine weitere, methodisch verwandte *Gedächtnisübung* der Tora ist der *Türpfosten* (wörtlich: *mesusa*, מזוזה). Im Kontext versteht man darunter aber nicht mehr den Türpfosten selbst, sondern ein etwa fingerlanges Gehäuse in welchem ebenfalls eine kleine Schriftrolle eingeschlossen wird. Der Text der Rolle zitiert eben genau jenes Gebot der Tora, dass man sich diese Worte an die Türpfosten des Hauses und der Stadttore schreiben soll. In beiden Fällen – T'filin und Mesusa – ist der sorgsam aufgeschriebene Wortlaut zwar stets gegenwärtig, zugleich aber, aus Gründen der Haltbarkeit, auch in einer äußeren Hülle verborgen. Zur Erinnerung des Wortlauts und des Gebotes bedarf es also der des Denkmals, des Merkzeichens, welches eine Innen- und Außenperspektive hat.

Warum das so ist? Erinnerung auf Hebräisch זכרון – (*sikar'on*) geht auf das Verb זכר (*sa'char*) zurück, welches neben *„erinnern"* und *„auswendig lernen"* bekanntlich auch *„männlich"* bedeutet. Entsprechend könnte man auf der Ebene des Wortspiels *erinnern* also auch als *männlich* deuten. Das Gegenstück dazu ist nun aber *weiblich*, hebräisch נקבה (*neke'wa*), welches wiederum die Nebenbedeutung von *„bohren"*, *„durchstechen"* hat und zugleich auch *Halle* oder *Tunnel* bedeutet, also einen *Hohlraum* bezeichnet. Die sinnvolle Anwendung der genannten Gebote der Tora fügen die männlichen und weiblichen Faktoren funktional die Erinnerung und den leeren Hohlraum zum Erinnerungsraum zusammen.

Erfüllen die Gebote der Tora einen direkten Auftrag, so sind ausgediente, abgelegte (*alte*) Sachen, bloße Hüllen ohne gewohnten Nutzen, sondern (gegenständliche) Abbilder. So als würde man sich *unbeschriebene* „Denkzettel" an Arm und Kopf binden oder *leere* Kapseln an *unbewohnte* Häuser heften. An die Stelle verlorener *Funktionen* tritt das leere *Symbol*, vergleichbar dem Geweih an der Wand der Jagdhütte, das ohne den Hirsch auskommen kann. Das Geweih hat für den Aussteller keinen praktischen Nutzen, weshalb der Prozess des Ausstellens und der Aussteller selbst in den Blickpunkt gerät. Entsprechend besagen die Geweihe an den Wänden genau genommen auch nicht wichtiges über Hirsche, sondern sie legen als Jagdtrophäen Zeugnis ab über die „Erfolge" des Jägers. Je mehr, umso besser, je größer, umso besser, wenigstens, wenn man Vergleiche zu anderen Sammlungen und Sammlern anstellt. Eine Absicht die man unterstellen darf. Auf der funktionalen Ebene gibt es jedoch keinen Platz für einen Wettbewerb im Sinne von „*die größten Tfilin der Welt*" oder „*die meisten Mesusot an einer Türe*". Da beim Gebot die unmittelbare Funktion *alles* ist, wäre die bloß symbolische Ausstellung einer leeren Andeutung auch völlig sinnfrei und nutzlos.

Dementsprechend entsorgt die jüdische Tradition ausrangierte, abgenutzte, nicht mehr brauchbare Gegenstände in einem *Genisa* (גניזה = Schatz) genannten Raum. Dort werden die Gegenstände (etwa alte und defekte Bücher, Schriftrollen, etc.) zwischengelagert, bis man sie in regelmäßigen Abständen vergräbt (meist auf Friedhöfen). Da sie zu diesem Zeitpunkt längst durch *neue* Gebrauchsgegenstände ersetzt wurden – so wie die verbrauchte Zahnbürste durch eine neue – entstand auch kein Mangel. Der praktische Zweck der Gegenstände selbst ist sich täglich an das Handeln zu erinnern. Aus dem Gesagten ergibt es sich, dass Erinnern im Judentum immer ein Appell ans *eigene* Handeln impliziert. Taten entscheiden. Konzeptionell entspricht dies aktiv einer Schulung, Lehrgang, Seminar oder Übung.

Ganz anders verhält es sich mit der Konzeption des Museums, der lateinischen Fassung des griechischen Μουσείον (museon). Der Begriff basiert auf μύτη (mute), was schlicht „Nase" bedeutet. Davon leitete man den Namen des heidnischen Tempels der sog. Musen Μουσαι ab, wörtlich die „Nasigen", die man als Töchter des Zeus ansah, die selbst nun als Göttinnen unterschiedlicher Disziplinen der „Kunst" galten. Der antik geltende Autor Hesiod, dessen Werke um das Jahr 700 v.a.Z. datiert werden, nannte neun „Nasige" und erklärte auch die eigenartige Wortwahl. Der damaligen Vorstellung gemäß entstand Kunstfertigkeit nicht durch stetiges Lernen, Arbeiten, Wiederholen, Prüfen und dergleichen, sondern sozusagen per Download durch die Nase, weshalb es zu diesem eher eigenartigen Gattungsnamen der „musai" kam. In seinem Werk „Theogenie" beschreibt Hesiod, selbst bereits von den Musen durch die Nase „begeistert", d.h. sie hauchten ihm ihr Wissen ganz physisch verstanden durch die Nase ein. So wusste er nun etwa, dass die Göttin „Gaia" die Mutter des „Uranos" gewesen sei, oder anders formuliert, dass der Himmel (uranos) aus der Erde (gaie) entstand. Eine der *Nasigen* war *Kleio*, die Lobende, „zuständig" für die (offenbar: unkritische) Geschichtsschreibung und bildlich dargestellt als eine Frau mit einer Papierrolle und einem Stift, letzteres taugt heute zumindest um gröbere Missverständnisse zu vermeiden. *Melpoméne* – wörtlich „die Singende" hingegen war für den in aller Regel *tragischen* Gesang verantwortlich und wurde mit einer Maske und einer Keule dargestellt. *Thalia* (die Üppige, wörtlich: „das Essgelage") hauchte Theaterstücke und Komödien ein, während weitere NasenpusterInnen in selbiger Weise das Flötenspiel, Astrologie oder Tanz und einiges andere verabreichten.

Trotz der antiken Zuschreibung taucht der Begriff" museon" jedoch erst im „humanistischen" Kontext im 16. Jahrhundert auf. Dort bezeichnet er zunächst aber nur eine schriftliche Stichwort-Sammlung (am Ende eines Buches. Wir nennen das heute (Stichwort-) Register oder Index. Erst weitere zweihundert Jahre später bezeichnet *Museon* eine Sammlung und Ausstellung von *Kunstobjekten* – freilich noch in Konkurrenz zu den gleichfalls aus dem Griechischen entlehnten Begriffen „Glyptothek" und „Pinakothek", die dann aber spezifischer auf Skulpturen oder Gemälde bezogen wurden.

Die faktischen Vorläufer der Museen waren christliche Kloster oder Kirchen, die meist eine Fülle von Plastiken, Gemälden, und Ritualgegenständen aus Silber oder Gold aufwiesen. Erste Ausstellungen ergaben sich im zeitlichen Rahmen der Säkularisierung zu Beginn des 19. Jahrhunderts. Konsequenter weise auch aus dem Nachlass von Klerikern oder erblosen Adeligen, der im Todesfall oder bei finanziellen Engpässen versteigert und dazu „gezeigt" wurde. Inzwischen freilich werden alle möglichen Sammlungen mit der längst gängigen Vokabel „Museum" ausgestellt. Etwa ein Eisenbahn-, Eishockey- oder Textil-Museum, um ein paar bayerische Beispiele zu nennen.

Am Beginn der griechischen Überlieferung steht die Nase, weil in der Vorstellung antiker Griechen, Geister durch die Nase in den menschlichen Körper eindrangen und der vom Nasengeist besuchte Mensch dadurch zu einem talentierten Künstler wurde und für seine Kunst Talente (= Goldmünzen) bekam. Vielleicht vermuteten Christen hier eine Übereinstimmung mit der seligmachenden Taufe, die zwar nicht durch die Nase erfolgt, aber mit Wasser über den Kopf gegossen wird. Im heutigen deutschen Sprachgebrauch hat man die Verabreichung ohnehin etwas idealisiert und man spricht davon, dass jemand *von der Muse geküsst* wird.[20]

Während in der jüdischen Überlieferung also Erinnerung und Tat methodisch und funktional bestimmend sind, genügt im griechisch-christlichen Kontext die von außen herbeigeschaffte Weihe zur Perfektion. Künstler wird man, weil die Muse einen durch die Nase haucht, Christ, weil man getauft wird. Gnadenakte, für die man selbst weiter nichts tun muss, außer als Muster zur Verfügung zu stehen.

Nach der Niederlage der Deutschen 1945 war nun natürlich nicht mehr daran zu denken, eine dem MUR auch nur ähnliche Konzeption in Deutschland zu realisieren, zumal man auf die Prager Sammlung auch keinen Zugriff mehr hatte. Auf Jahre hinweg waren eigene Belange im Blickpunkt. Dazu zählte zunächst ganz simpel das Überleben und Auskommen, schließlich aber auch die Politur der eigenen Biographie. War jemand Aufseher in einem Lager, so konnte er jetzt sagen, früher viel Kontakt zu Juden gehabt zu haben. Für amerikanische Ohren klang das glaubwürdiger als wenn je-

---

[20] Das könnte vielleicht aber auf die verwandten griechischen Begriffe μουσούδα = Schnauze oder μουστάκι = Oberlippenbart zurückgehen.

mand behauptete, vom Hitler-Regime und dessen Antisemitismus nicht viel bemerkt zu haben. Wer sich also überwinden konnte, zu behaupten, gar keine Abneigung gegen Juden im Allgemeinen zu haben, konnte also schnell Unannehmlichkeiten hinter sich lassen. Kein Wunder also, dass sich in den ersten Jahren nur wenig über Juden im Nachkriegsdeutschland sagen und finden lässt. Erst mit dem Prozess gegen den in Argentinien verhafteten und nach Israel geschafften Adolf Eichmann wurde das kleine Schweigen aufgebrochen, während das große letztlich bis heute anhält, wo es nicht dem Vergessen gewichen ist.

Im Abstand der Jahrzehnte ist es letztlich auch schon fast egal, folgen solche Neigungen natürlichen Reflexen. Erfolg ist der Beweis und Niederlagen sind *nicht sexy*. Sich von einem gescheiterten Hitler loszusagen, ist natürlich kein Kunststück. Steigt das Team ab, feuert man als erstes den Trainer. Und dem moralischen Abstieg folgten lange Jahre des Mittelmaßes, ehe die Muße wiederauftauchte und wie eine Nymphomanin (wörtlich eine *verrückte Braut*) scheinbar wahllos jeden küsste, der sich auf die Gnade (sic!) der späten Geburt berufen konnte.

Erst zu Beginn der 1980er Jahre entstanden zunächst einige wenige, meist recht kleine Sammlungen. Das vielleicht erste seiner Art war das im September 1985 in

Augsburg eröffnete Jüdische Kulturmuseum im westlichen Seitentrakt der damals nach langen Jahren anlässlich des 2000jährigen Stadtjubiläums restaurierten Synagoge. Die zugrundeliegende Idee bestand darin, das Gebäude durch die Verknüpfung mit einem Museum zu bewahren, befand sich die jüdische Gemeinde doch in einem schleichenden Auflösungsprozess. Der damalige Gemeindepräsident Senator *Julius Spokojny* sagte 40 Jahre nach dem Ende des Nazi-Regimes:

„Nachdem die Zahl unserer Gemeindemitglieder im Dritten Reich dezimiert wurde, wir also die Synagoge nicht mehr füllen können, soll dieser prächtige Bau zwar noch zu Gottesdiensten an Feiertagen benutzt werden, ansonsten aber haben wir ihn als Hauptexponat in ein Museum eingebracht, das unseren Mitmenschen die Kultur der jüdischen Religion näherbringen soll. Museum und Synagoge stehen für die gesamte Bevölkerung des In- und Auslands offen ... Diesem Ziel ist dieses Museum gewidmet."

Damals, um Mitte der Neuzehnhundertachtziger-Jahre ging man davon aus, dass die überalterten jüdischen Gemeinden, deren Nachwuchs nach Israel, Amerika oder sonst wohin auswanderte, immer weiter schrumpfen und nach dem Jahr 2000 allenfalls in den Millionenstädten noch kleine Gemeinden bestehen könnten. Dass nur wenige Jahre später ein Zuzug aus Osteuropa einsetzen sollte, konnten die Initiatoren leider nicht vorhersehen.

Die heutige Zwangslage, dass eine Gemeinde mit 1800 Mitgliedern eine Synagoge benutzen muss, die hundert Jahre zuvor für eine nur halb so große Gemeinde konzipiert worden war, den Gebäudekomplex mit einem staatlich finanzierten Museum teilen muss, wäre so vermieden worden. Das *Augsburger Modell* eines „Jüdischen Kulturmuseums" fand mit oder ohne angegliederte Synagoge eifrige Nachahmer. Ab 1987 wurde der Grundstock des heutigen jüdischen Museums in Wien geschaffen, fast zeitgleich die alte Synagoge im schwäbischen Ichenhausen *musealisiert*, 1988 wurde das Museum in Frankfurt am Main eingeweiht, 1990 ein weiteres in Fürth, 1991 eines im vorarlbergischen Hohenems, 1992 eins in Worms, ein weiteres im nordrhein-westfälischen Dorsten. 1996 wurde auch die ehemalige Synagoge in Binswangen zur „Begegnungsstätte" … und 2001 bekam schließlich auch Berlin sein international renommiertes, bundesrepublikanisches, staatstragendes „Juden"-Museum, weshalb nun 2007 sich auch München nicht mehr länger zurückhalten konnte. Jüngstes Beispiel der Kette war die recht teure Konversion der gleichfalls seit Jahren verfallenen ehemaligen Synagoge des heutigen Augsburger Stadtteils Kriegshaber. Als vor einigen Jahren die jüdische Gemeinde in Augsburg, die wie gesagt, fast doppelt so viele Mitglieder hatte als zu Beginn der Nazi-Herrschaft, Bedarf anmeldete und erwog, das Gebäude wieder als Synagoge zu nutzen, scheiterte dies an unklaren Besitzverhältnissen und angeblich leeren Kassen. Als aber erwogen wurde, stattdessen auch dieses Erinnerungsstück der lokalen jüdischen Geschichte für über eininhalb Millionen Euro museal aufzubereiten, verschwanden die Probleme. Nach einer zweijährigen Sanierung wurde die ehemaligen Synagoge im Mai 2014 sodann auch als „Dependance" des 1985 geschaffenen Kulturmuseums in Augsburg eröffnet. Es bleibt abzuwarten, ob damit nun von Augsburg aus auch ein Trend zum Zweit-Museum ausgeht und andere Orte zur Nachahmung zwingt.

Heute gibt es in vielen Regionen Deutschlands (und Österreichs) die eine oder andere Weise, sich im Rahmen einer sog. „Erinnerungskultur" in Dörfern und Städten sich die „jüdische Vergangenheit" des eigenen Ortes ins Gedächtnis zu rufen. Schätzungen gehen von mehr als zweihundert Museen und Ausstellungen in Deutschland aus, dazu zählen auch kleine „jüdische" Abteilungen in Heimat-Museen, umgebaute ehemalige Synagogen oder sog. „Judenhäuser". Es versteht sich von selbst, dass die meist kostspielig restaurierten Einrichtungen in aller Regel nicht gegenwärtigen jüdischen Gemeinden zur Verfügung stehen, sondern „der Allgemeinheit". Freilich bevorzugt an Orten, in welchen im ganzen Umkreis nicht ein einzelner Jude wohnt. Umso leichter fällt es dann auch, Jahrzehnte nach der Zerstörung der jüdischen Gemeinden, sich darauf zu besinnen, entsprechende Gebäude zu sanieren, um sie als weitere Gedenk- und Begegnungsstätten oder Museen zu nutzen. Beispielsweise für Adventskonzerte. Sonst kann man auch mal Raum bieten für akademische Klezmer-Darbietungen, die suggerieren, dass provinzielle südosteuropäische Hochzeitsmusik etwas mit dem Leben von weitgehend säkularisierten Juden in deutschen Großstädten zu tun hatte oder mit dem schwäbisch-österreichischer oder fränkischer Dörfer.

Ein Beispiel wäre das sog. „Schilling-Haus" im schwäbischen Binswangen, das als lange Zeit leerstehendes und baufällig gewordenes ehemaliges „Judenhaus" kürzlich saniert und zu einem „Kulturhaus" umgebaut wurde, freilich auch gleich noch mit geräumiger Halle nebendran. Zwar wurde das Haus um 1840 tatsächlich von der einheimischen jüdischen Familie Baldauf errichtet – der Sohn des Erbauers war später sogar noch Vorsitzender der jüdischen Gemeinde in Binswangen und Bevollmächtigter der politischen Gemeinde – doch an ihn erinnert man sich nicht. Der heutige Name „Schilling-Haus" hat damit rein gar nichts zu tun, sondern leitet sich von der letzten (nicht-jüdischen) Besitzerin des Hauses ab. Anstelle der Bauruine gibt es hier nun aber Proberäume für Musikkapellen, Theatergruppen und Chöre, aber auch Versammlungsstätten für Soldaten- und Veteranen-Vereine und dergleichen. Natürlich spricht nichts dagegen, für diese und andere Vereine und Gelegenheiten Räume zu schaffen, und warum nicht auch auf Staatskosten, wenn man es sich leisten kann und will. Aber warum soll es unter dem Etikett „Judenhaus" geschehen, wo es sich ganz offensichtlich um bloßen Eigennutz handelt? Doch wie bei der Konversion zahlreicher ehemaliger „Land-Synagogen" liegt der praktische Nutzen auf der Hand. In Zeiten (sonst) klammer Kassen, in denen auch Nachhilfeunterricht für Kinder sog. „Hartz Vier" – Empfänger (darunter jüdische Zuwanderer) aus *Kostengründen* verweigert wird, dürften kleine (nach wie vor „judenfreie") Kaffs wohl andernfalls kaum üppige staatliche Fördergelder zur Errichtung eigener Konzerthallen und dergleichen erhalten. Der Nachteil des Etikettenschwindels für die tatsächlich im Lande lebenden Juden ist abgesehen davon, dass sie eben meist leer ausgehen, unter anderem die weit verbreitete Ansicht in der Bevölkerung, all die Gelder, und die können im Einzelfall schon recht stattlich sein, kämen auch nur ansatzweise ihnen, „den Juden" zu Gute.

Dieselbe Wirkung kann man natürlich auch einige Nummern größer realisieren:

Alan Posener (geb. 1949) schrieb in der „Jüdischen Allgemeinen" vom 28.09.2006 zum (gemessen an Millionen von Besuchern) sehr „erfolgreichen" *Jüdischen*

Museum in Berlin, es habe "*mit dem Judentum ungefähr so viel zu tun wie Klezmer*". Untergebracht ist es in einem zickzackförmigen Kolossalbau, dessen Grundriss einen „verzerrten Davidstern" darstellen soll. Darin integriert ist beispielsweise auch ein mit *kreuzförmigen* Fenstern ausgestatteter sog. „Holocaust-Turm". Dessen von sehr hohen kahlen grauen Platten aus Sichtbeton gestalteter, leerer und „zugespitzter" Raum nun hat eine „*beeindruckende Akustik*" aber auf viele (in der Regel schweigende) Besucher eine eher „unbehagliche" Wirkung. Man kann Sätze hören wie: „*Hier spürt man den Holocaust so richtig…*"

Da die Absicht bestand, einen düsteren und kalten (auch: unbeheizten) Raum zu schaffen, ist dies nicht weiter verwunderlich, aber was hat dies mit dem „Holocaust" zu tun? Passierte der in einer Tiefgarage? Wohnten Täter oder Opfer des flächendeckenden Massenmords in solchen Bauten? Da es im Museum noch weitere leere Räume gibt, konstatierte Posener auch, dass das Wesentlichste in diesem Museum, das sich vornahm „2000 Jahre jüdischer Geschichte in Deutschland" zu präsentieren, fehle: „*… was für die Juden immer das Entscheidende war: die Religion: … Begreift man nicht, wie zentral dieses Konzept ist, begreift man vom Judentum nichts, schnurrt es zusammen zu einem Haufen merkwürdiger Bräuche. Die sind gut dokumentiert.*"

Baukonzepte dieser Art sind nicht zufällig, sondern durchdacht. Die sog. „Formensprache" will etwas vermitteln, etwa ein Gespür dafür, was man nicht persönlich erleben will. Schön soll das nicht sein, sondern beeindruckend. Etwa ein weiterer meterhoher Betonraum dessen Boden mit schablonenhaften Metallmasken bedeckt ist. Auch hier kann man fragen, ob diese sich auf die Täter oder Opfer beziehen, da letzte durch Forschungsstätten wie *Yad Vashem* an für sich doch dokumentiert sind. Zweifellos können solche Eindrücke aber kaum die Frage mancher Besucher, wie Juden denn „aussehen" befriedigend beantworten. Oder etwa doch?

Andere Museen verfolgen freilich zumindest teilweise die Absicht auch das Judentum als „Religion" auszustellen und dem Besucher „Einblicke" zu vermitteln, etwa mittels der Ausstellung sog. „Ritualgegenstände". Als solche werden etwa Kerzenständer oder sieben- oder neunarmige Leuchter, Thora-Mäntel, Beschneidungsmesser, Trinkbecher, aber auch bestickte Vorhänge und Gebetbücher und dergleichen mehr.

In der Regel stellen Museen *Vergangenes* aus. Ein Heimat-Museum zeigt beispielsweise alte Einrichtungen und Möbel, Gebrauchsgegenstände, Kleidungsstücke, die in dieser Machart nicht mehr verwendet werden. Ein Technik-Museum stellt historische Geräte oder Apparate aus, vielleicht eine Abteilung mit alten Fernsehern, die ersten Mobiltelefone und Riesencomputer, aber sicher nicht Ansammlungen aktueller, „topmoderner", die man ebenso auch im Kaufhaus erwerben kann. Um eine museale Geltung zu erhalten, muss der Geschmack des Gestrigen, des Gewesenen, des bereits Vergangenen erkennbar sein, da man eine solche Ausstellung andernfalls als *banal* auffassen würde – wahrscheinlich zu Recht. Warum sollte man auch für eine Besichtigung von Laptops Eintritt bezahlen, wenn man sie im Elektro-Fachmarkt gratis sehen darf? Ein Museum, das nun aber „jüdische" Gegenstände ausstellt, vermittelt gleichwohl auch den Eindruck, dass auch das ausgestellte Judentum so zeitgemäß wäre, wie die Knochen des Neandertalers, das Bajonett des Wehrmachtssoldaten aus dem Ersten Weltkriegs oder eine alte römische Goldmünze.

Ausgestellt werden aber nach Möglichkeit kostbare Leuchter die Jahrhunderte alt und aus Silber oder Gold sein sollten, allein schon, weil sich damit die Vitrine lohnt und die Ausstellung was hermacht. Zumindest unterschwellig wird damit freilich auch das Bild vermittelt, dass es generell um Preziosen und teure Juwelen ginge, die sich ein normaler Mensch, anders als „die reichen Juden" womöglich auch gar nicht leisten kann. Kein Wunder also, dass so mancher Schüler es auch genauso auffasst: *„Religion für Reiche"*. Zur Erläuterung der „religiösen" Zusammenhänge, Gebote und Gebräuche jedenfalls bedarf es keines Silbers. Die Schattenseite eines solchen Ausstellungskonzepts ist demgemäß auch, dass der simple funktionale Aspekt des Handelns, bei dem es reicht, Kerzen anzuzünden, um den Schabbes zu begrüßen, unter den Tisch fällt. Das nämlich wäre das Gebot des Judentums: Das Anzünden der Schabbat-Kerzen. Wer stattdessen die Leuchter, die es genau genommen gar nicht braucht, in den Blickpunkt stellt, hat eines nicht verstanden: das Wesen des Judentums. Stattdessen wird ein Zerrbild vermittelt, das Klischees und Vorurteile nicht beseitigt, sondern quasiwissenschaftlich zementiert.

Was aber sollten zwei banale Wachskerzen einem Museumsbesucher auch vom Judentum vermitteln? Etwa, dass es weder kostspielig noch schwierig ist, um als gebotstreuer Jude zu leben? Das könnte schlimmstenfalls zur Nachahmung und einer Welle von Konvertiten führen und wer wollte sowas?

Die Namensgebung „Jüdisches Museum" an sich ist bereits in den meisten Fällen irreführend, da in der Regel weder die Betreiber noch die Mehrzahl der Museumsbesucher Juden sind und sich eine Reihe von Museen an Orten befinden, in welchen es seit über siebzig Jahren keine jüdischen Gemeinden und oft noch nicht mal einzelne Juden gibt. Die Ausstellungsmacher richten sich folglich erwartungsgemäß an ein „nicht-jüdisches" Publikum. Das mag auf den ersten Anschein nicht wesentlich anders sein, als beim Besuch eines beispielsweise römischen oder archäologischen Museums, bei dem der Besucher kaum damit rechnen wird, dass alte Römer die Sammlung präsentieren. Freilich ist das alte antike Rom längst untergegangen und insgesamt in der weiteren Geschichte verflüchtigt. Über das Judentum lässt sich das freilich so nicht sagen. Es existiert weiterhin und gerade in Deutschland sind in den letzten Jahrzehnten zahlreiche jüdische Gemeinden neu entstanden, zumindest in großen und mittleren Städten.

Die Ausstellungsstücke werden nicht selten auf mitunter dubiosen Auktionsmärkten zusammengekauft. Und klarer Fall, ein Silberleuchter aus dem 17. Jahrhundert für 4.500 Euro scheint für die eigene Sammlung aussagekräftiger zu sein, als ein Messingexemplar vom Flohmarkt für 20 Euro. Da Museen in aller Regel auf Staatskosten existieren, sind die „Provenienz" der „Exponate" und ihre Finanzierung Fragen des Prestiges. Wer wollte auch die Etatmittel für den Ankauf von obskuren Judaika reduzieren, wo man das doch schon wieder als antisemitische Tendenz deuten könnte. Andererseits besagt es vielleicht wohl auch etwas über den jeweiligen Ort, wenn Juden sich dort früher Schmuckstücke leisten konnten. Dabei sollte man nicht ganz außer Acht lassen, dass der frühere Materialwert oft weit geringer ausfiel und es sich damals um bloße Gebrauchsgegenstände und eben um keine, schon gar nicht rare, Sammlerstück handelte. Aber auch hier sitzt man meist einer Illusion auf, da die gezeigten Stücke von „überall" herstammen, eher aus Ungarn, Russland als aus einem schwäbischen Dorf – nicht zu vergessen die neuerdings in Mode kommenden Imitate aus China. Ja, auch hier, warum auch nicht, wenn sich damit mehr verdienen lässt, als mit einer gefälschten Jeans. Da das „jüdische" daran meist sowieso ein paar merkwürdige hebräische Buchstaben sind – die seltsamer Weise auch eine Vielzahl der Museumsführer und Betreiber nach Jahren nicht richtig lesen können – ist aber auch das eher nachrangig, ebenso wie die Frage danach, wem die erworbenen Gegenstände denn früher nun gehört haben mochten und warum sie nicht mehr für die „Rituale" benutzt werden.

Man könnte meinen, all das sei eine vielleicht hölzerne, im Grunde nun aber doch *gut gemeinte* Form des „Gedenkens" und „Erinnerns" die sich in der „Nachkriegszeit" allmählich unter verschiedenen, auch internationalen Einflüssen herausgebildet hat und nun mehr einen festen Platz in der Alltagskultur einnimmt. Doch der Eindruck täuscht. Das Erinnern im Judentum ist, wie eingangs gesagt, untrennbar verknüpft mit dem *eigenen Handeln* und ist sozusagen auf den *eigenen* Leib und an die Türpfosten des *eigenen* Hauses gebunden. Das museale Gedenken hingegen vermeidet den Alltag, scheut und verbaut die Möglichkeit einer Normalität des Judentums. Vielmehr steht alles unter der Prämisse eines „nie wieder", in den meisten Fällen sicherlich auf die „belastende" deutsche Nazi-Vergangenheit gemünzt. Da dafür nun aber Politik, Polizei und Justiz zuständig wären, wirkt es dann doch eher auf die Ausprägung des scheinbar „modernen" Judentums. Fast könnte man meinen, dass sich das „nie wieder" auf das Judentum selbst bezieht, so als könnte man mit ihm auch das Nazi-Gespenst endlich bannen, ein für alle Mal. Ohne Judentum, keine Nazis.

Tatsächliche Auswirkungen auf das eigene Leben sind eher zufällig und keineswegs Absicht, wenn man vom Erwerb von Broschüren, Postkarten oder Klezmer-CDs und sonstigen Souvenirs im „Museums-Shop" mal absieht. Man kann sich das an die Wand hängen, ist immerhin billiger als ein Geweih und ist trotzdem eine Art Weihe, denn immerhin ist der Besuch im jüdischen Museum ja so eine Art Beleg dafür, dass man selbst kein Antisemit ist oder von keinem abstammt. Oder beides. Echte Antisemiten gehen ja nicht ins jüdische Museum, denkt man und ihre Kinder werden von den Schulen freigestellt, etwa so wie muslimische Mädchen vom Schwimmunterricht.[21]

---

[21] In manchen Bundesländern freilich auch von der Besichtigung von KZ-Gedenkstätten.

Die vorgeführten „Ritualien" jedenfalls bleiben in den Vitrinen, viel zu „kostbar", um ihre Funktionalität ad hoc zu erproben. Fast könnte man meinen, der vollendeten Abgeschlossenheit fehlten nur noch einige Darsteller als bewegliche Objekte für bewegte Zuschauer, vielleicht behaucht von der Muse der Komödie. In der Tat wäre es ausnahmslos komisch wie ein Schwimmmuseum ohne Wasser, gäbe es da nicht die längst verdrängte, finstere und sinistere Vergangenheit des „MUR".

Aber selbst diese Parodie wurde schon realisiert. So hieß es 2013 Jahr in Berlin, das jüdische Museum wolle *„mit der Ausstellung eines lebenden Juden den Umgang nicht-jüdischer Deutscher mit Juden auflockern"*.[22] Wundert sich jemand darüber, dass es dafür Geld vom deutschen Staat gibt? Immerhin nähert man sich da ja schon dem zoologischen Bereich. Also immer locker bleiben, murren nutzt nichts.

Dies führt uns nun letztlich auch wieder zurück ins „magische" Prag, das seinen Ruf Zuschreibungen aus dem

---

[22] Die Konzeption sah vor, dass *„im Laufe der Ausstellung „Die ganze Wahrheit: Was sie schon immer über Juden wissen wollten" jeden Nachmittag ein anderer Jude respektive eine andere Jüdin in der Vitrine und ... Fragen der Besucher"* beantwortete.
Siehe: http://www.faz.net/aktuell/feuilleton/menschen-als-ausstellungsobjekte-im-glashaus-12130162.html 29. März 2013.

romantischen 19. Jahrhundert zu verdanken hat, genauer gesagt der Legende des „Golem". Auch kein Mensch im eigentlich Sinne, sondern ein aus Lehm geschaffener Riese, der in der Weise eines *Wrestlers* oder *Hulk* auftrat. Die Dichtung schreibt seine Erschaffung dem Prager „Rabbi Löw" zu, der mit dem Golem die Prager Juden vor Übergriffen der Judenhasser schützen wollte. Dies klappte, freilich nur solange, bis das vor Kraft strotzende, aber dann doch dümmliche Geschöpf (im modernen Hebräisch heißt „Golem" auch in etwa „Depp") außer Kontrolle geriet und mehr Schaden als Nutzen bewirkte und schließlich die Existenz der jüdischen Gemeinde bedrohte. Letztlich keine unpassende Metapher.

Abgesehen davon, dass dies durchaus eine gefällige Art sein mag, das Scheitern jüdischer Selbstverteidigung zu „symbolisieren", hat der historische „Rabbi Löw" *Jehuda Loeb ben Bezalel* (1512-1609) mit der Erzählung von einem Golem nichts zu tun. Zwar hatte der Rabbi eine recht umfangreiche Sammlung, heute noch bemerkenswerter eigener Schriften und Kommentare hinterlassen, die zusammengenommen einige tausend Seiten enthalten und noch immer zahlreiche Leser finden – zumindest in Hebräisch, aber auf Finnisch wurden sie auch nicht verfasst. Dass der Rabbi einen Golem *nirgends* erwähnt, stört aber bis heute niemand. Die Stadt Prag hat ihm trotzdem und zwar wegen der Popularität der modernen Legende eine überlebensgroße Statue gewidmet, ganz so als ob *er selbst* der Golem sei, während sein Grab von Touristenschwärmen heimgesucht wird, mit denen zeitweilig womöglich wohl nur noch die „Mona Lisa" im Pariser Louvre mithalten kann.

Romantische Fassungen der Legende, deren Ursprünge auf chassidische Schriften des Mittelalters basieren, popularisieren den Golem-Stoff seit fast zweihundert Jahren in zahlreichen Nacherzählungen und Varianten und zum Ruhm trug sicher auch noch die Verfilmung von Paul Wegener aus dem Jahre 1920 bei. Dazu passte, dass in der selben Zeit durch die sog. „Assanierung" des jüdischen Viertels von Prag jede Menge an historischer Bausubstanz zerstört wurde. Auch die Fläche des alten Friedhofs wurde dezimiert, was zu weiteren Mythen und Legenden führte.

In der Golem-Erzählung erweckt der Rabbi seine Figur mit dem hebräischen Buchstaben אמת zum Leben, die das hebräische Wort „*emet*" ergeben, was man als Wahrheit, Wirklichkeit, usw. übersetzen kann. Als es darum geht, den Golem wieder abzustellen, genügt es den Buchstaben א wegzuwischen, wonach nur noch מת übrigblieb, was das hebräische Wort „*met*" ergibt – und das heißt „tot".

Unsere Voraussetzungen sind heute genau umgekehrt. Wir benötigen ein א.

Das Geheimnis der jüdischen Weltherrschaft

Viele fragen sich, wie eine so kleine und so heterogene Gruppe, die allenfalls aus der Sicht von (weit) Außenstehenden überhaupt eine Gruppe genannt werden kann, nun eigentlich dazu in der Lage ist, „die Welt" zu beherrschen? Noch dazu im Geheimen, obwohl überall über das Geheimnis gesprochen wird, und das macht es ja nun nicht gerade einfacher, wie man sich vorstellen kann.

Wie die politische antisemitische Bewegung ist auch die Geschichte von der jüdischen Weltverschwörung mit Schriften wie den „Protokollen der Weisen von Zion" grob gesagt im letzten Drittel des 19. Jahrhunderts entstanden. Will man den Wahrheitsgehalt verstehen, genügt, es sich, die damalige Welt unter politischen und kulturellen Gesichtspunkten anzusehen: Nord-, Mittel- und Südamerika, der gesamte afrikanische Kontinent, der gesamte asiatische Kontinent, Europa und Australien waren mit Ausnahme des osmanischen Reiches, das bis 1917 bestand, und dann unter diversen Großmächten aufgeteilt wurde, vollständig unter der Herrschaft von Staaten und Regierungen, die christlich waren. Das betrifft im Detail auch Indien, China oder Japan, ebenso wie Arabien oder Neuseeland, Mikronesien und Palau nicht zu vergessen. Faktisch überall auf dem Planeten regierten Christen, meist als koloniale Fremdherrscher, oft unter bis heute umstrittenen und angeklagten Umständen. Die christlichen Kolonialherren betreiben allenthalben Raubbau, Sklaverei, Massaker bis hin zum Völkermord, Vertreibungen und vieles mehr.

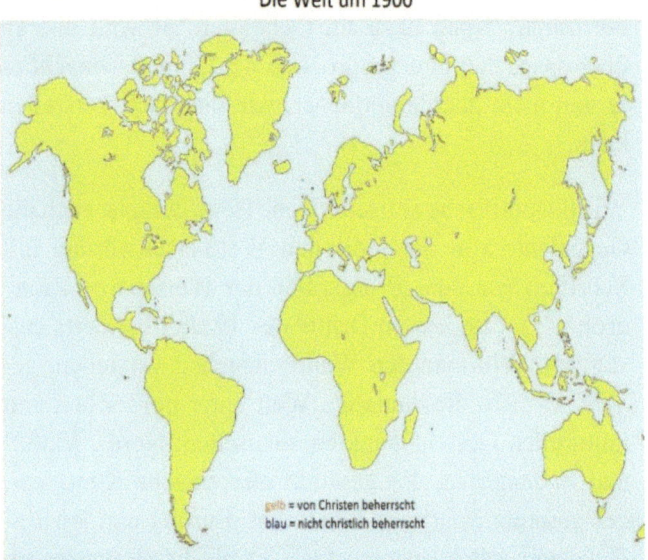

Doch was kümmerte die gewieften Denker angesichts dieser Realität? Die Angst davor, dass *Juden*, die zu jener Zeit in den meisten Staaten der Welt in denen sie lebten noch nicht mal passives Wahlrecht genossen, die Welt beherrschen könnten.

Seit 1948 gibt es den jüdischen Kleinstaat Israel, dessen Fläche rechnerisch 103-mal in Saudi-Arabien Platz hätte, während Russland 800-mal (das ist kein Tippfehler) so groß ist. Er ist alles andere als unumstritten, auch wenn im Nachbarland Syrien in fünf Jahren Krieg sechsmal so viele Menschen ums Leben kamen als in den israelisch-arabischen Kämpfen eines Jahrhunderts. Sogar die Hauptstadt des Kleinstaates ist faktisch geteilt, wenigstens in unterschiedliche Sicherheitszonen. Und der Tempelberg, als heiligster Platz der jüdischen Geschichte, ihn überlassen die israelischen Besatzer den Muslimen.

Ja, *das* ist das Geheimnis der jüdischen Weltverschwörung.

Ziemlich perfide, oder?

Abbildungen:

13	Katzenfutter, Etikett
40	Julius Streicher (Wikipedia), „Stürmer" 41/1936
44	Jude in „Stürmer" 30/1939
46	Arabische Karikatur: Netanjahu mit Schweinenase
48	Mubarak (reuters), Holocaust-Klosett, Qatar
49	Holocaust, Bahrain, Holocaust-Kochtopf, Gaza
62	Yehuda Shenef, Foto: Chana Tausendfels
65	„Judenkirsche" (Hagebutte), Wikipedia
112	antikes Höhlengrab Israel, Wikipedia
127	Kreuz-Zuschnitt einer Talmudseite, Yehuda Shenef
138	Hostie, Wikipedia
142	Friedrich Herlein „Beschneidung Christie", Simon-Darstellung (Wikipedia)
145	Luthers „Judensau"
155	Judensau im Erfurter Dom, Foto: Yehuda Shenef
205	antisemitische Karikatur, Gaza
206	Jüdischer Blutsauger im „Stürmer"
252	Christlich beherrschte Welt um 1900

Literatur:

Brocke, Zimmermann (Hrsg.) – *Das jüdische Museum Prag – von schönen Gegenständen und ihren Besitzern*, 1991

Eckstaedt, Aaron – *Klaus mit der Fidel, Heike mit dem Bass ..." – jiddische Musik in Deutschland*, Berlin 2003

Deutschkron, Inge – *Emigranto, vom Überleben in fremden Sprachen*, 2001

Feinberg, Anat – *Wiedergutmachung im Programm, jüdisches Schicksal im deutschen Nachkriegsdrama*, Köln 1988

Johnson, Ian – *Die vierte Moschee, Nazis, CIA und der islamische Fundamentalismus*, Stuttgart 2011

Jüdisches Museum Wien (Hg.) – *Die Macht der Bilder, antisemitische Vorurteile und Mythen* (Ausstellungskatalog) Wien 1995

Kiderlen, Elisabeth - *Museum einer untergegangenen Rasse*, Der Spiegel 46/1988

Kreikle, Christan Dr. – *„Volksgemeinschaft" statt Klassenkampf*, Band 1 und 2, 2012

Klug, Lisa – *Cool Jew, the Ultimate Guide for Every Member of the Tribe, The Heebster Handbook*, Kansas City 2008

Landmann, Salcia – *Der jüdische Witz, Soziologie und Sammlung*, 1960

Landmann, Salcia – Jiddisch, das Abenteuer einer Sprache, Freiburg 1962

Landmann, Salcia – *Jüdischer Witz, Neues von Salcia Landmann*, 1972

Lieben, Salomon Hugo Prof. Dr. – *Das jüdische Museum in Prag*, 1906

Magall, Miriam – *Noch einmal: Gegen Apion! Der neue kulturelle Antisemitismus aus der Mitte der Gesellschaft*, Verlag Edition AV 2015

Potthast, Jan Björn – *Das jüdische Zentralmuseum der SS in Prag: Gegnerforschung und Völkermord im Nationalsozialismus*, Campus Verlag, 2002

Rybár, Ctibor – *Das jüdische Prag, Glossen zur Geschichte und Kultur*, Prag 1991

Schneider, Richard Chaim – *Fetisch Holocaust, Die Judenvernichtung, verdrängt und vermarktet*, München 1997

Schoeps, Julius H. – *Bilder der Judenfeindschaft, Antisemitismus, Vorurteile, Mythen*, Augsburg 1999

Shenef, Yehuda – *Das Haus der drei Sterne,* Neuauflage 2016

Shenef, Yehuda – *Buch der Wortungen, kleines etymologisches Wörterbuch für alle, denen Bildung auf Dauer nicht genug ist*, 2015

Tenenbom, Tuvia – *Allein unter Deutschen, eine Entdeckungsreise*, Berlin 2012

Torberg, Friedrich – *Die Tante Jolesch oder der Untergang des Abendlandes in Anekdoten*, 1975

Vom selben Autor erschienen:

„Tage des Gerichts, der Bericht des Ber Ulmo aus Pfersee", übersetzt aus dem Hebräischen und kommentiert, Kokavim-Verlag 2012

„Der Augsburger Judenkirchhof, zur Geschichte und zu den Überresten des mittelalterlichen jüdischen Friedhofs in der Reichsstadt Augsburg", Kokavim-Verlag, 2013

„Mord am Lech – ein jüdisch-bayrischer Kriminalfall aus dem Jahr 1862", Kokavim-Verlag 2014

„Schimon Wolf Wertheimer (1681-1763) und Ferdinand Wertheimer (1817-1883), zwei schwäbische Juden am Friedhof von Kriegshaber", in: Schwabenspiegel, Jahrbuch für Literatur, Sprache und Spiel), 2015
„Schreiben in der Fremde" Herausgegeben von Uni Augsburg (Prof. Klaus Wolf), Wissner-Verlag 2014

„Tage des Gerichts, die Verhaftung schwäbischer Juden im Jahr 1803", in: Schönere Heimat, Magazin des Bayerischen Landesvereins für Heimatpflege, 2015

„Das Buch der Wortungen, ein Wörterbuch für alle, denen Bildung auf Dauer nicht genug ist", (Etymologie) September 2015.

„Trommeln in der Nacht – zeitgenössische Szenarien frei nach Brecht" (Theater), November 2015

„666 die Zahl des Menschen – das Mysterium der Apokalypse im Spiegel jüdischer Geschichte", Februar 2016

„*Karel Capeks Rossum Universal Robots (RUR) – neu übersetzt und aktualisiert*", März 2016

„*Familiengeschichte jüdischer Metzger in Kriegshaber*", April 2016 anlässlich des 100. Jahrestags der Eingemeindung Kriegshabers nach Augsburg, Herausgeber, Dr. Thomas Groll, Bistumshistoriker, Wissner-Verlag, April 2016

„*Der Dybbuk von Kriegshaber*", in: Schwabenspiegel, Jahrbuch für Literatur, Sprache und Spiel), Mai 2016. Herausgegeben von Uni Augsburg (Prof. Klaus Wolf), Wissner-Verlag, Mai 2016

„*Der jüdische Friedhof von Binswangen, Hintergründe, Fotos, Grabstein-Inschriften, Familiengeschichten / The Jewish Cemetery of Binswangen, Background, Photos, Grave Marker Inscriptions, Family History*", (Deutsch + English) Mai 2016

„*Der Bundestag zu Augsburg – das Ende des Deutschen Bundes im Sommer 1866*", Juli 2016

„*Das Haus der drei Sterne, die Geschichte des jüdischen Friedhofs von Pfersee, Kriegshaber und Steppach bei Augsburg, in Österreich, Bayern und Deutschland*", erweiterte Neuauflage mit Friedhofsregister und Grabsteininschriften, November 2016

© Yehuda Shenef 2011-2017

Bildrechte, sofern nicht anders bezeichnet beim Autor

Umschlag-Foto: Yehuda Shenef

Herstellung und Verlag: BoD – Books on Demand, Norderstedt

ISBN 978-3-7431-8120-5

Printed in Germany